La pensée selon la tech

W0306508

Dans la collection Société numérique

Tim Hwang
Le grand krach de l'attention.
La publicité, une bombe au cœur de l'internet
2022, ISBN 978-2-37662-035-8

Simone Pieranni
Red Mirror. L'avenir s'écrit en Chine
2021, ISBN 978-2-37662-021-1

Fred Turner
L'usage de l'art. De Burning Man à Facebook :
art, technologie et management dans la Silicon Valley
2020, ISBN 978-2-37662-017-4

Christophe Masutti
Affaires privées. Aux sources du capitalisme de surveillance
2020, ISBN 978-2-37662-004-4

Zeynep Tufekci
Twitter et les gaz lacrymogènes. Forces et fragilités de la contestation connectée
2019, ISBN 978-2-915825-95-4

Édition originale : *What Tech Calls Thinking. An Inquiry into the Intellectual Bedrock of Silicon Valley* by Adrian Daub.
Copyright © 2020 by Adrian Daub
Published by arrangement with FSG Originals × Logic, Farrar, Straus and Giroux, New York.

Collection Société numérique (ISSN 2647-1493)
ISBN 978-2-37662-034-1
C&F éditions, mars 2022
35C rue des Rosiers, 14000 Caen
https://cfeditions.com

Adrian Daub

La pensée selon la tech

Le paysage intellectuel de la Silicon Valley

Traduit de l'anglais (États-Unis) par Anne Lemoine

Collection Société numérique

C&F éditions
2022

Table des matières

* Fred Turner est professeur de sciences de la communication à l'université Stanford, au cœur de la Silicon Valley. Il est devenu un chercheur incontournable pour l'histoire de l'Internet, du multimédia, et des relations entre l'art, la technologie et les nouveaux pouvoir des entreprises de communication numérique. Ses ouvrages sont traduits chez C&F éditions.

Avant-propos par Fred Turner*

Il n'y a pas de spécialiste de la Silicon Valley plus perspicace qu'Adrian Daub, ni personne qui puisse dévoiler avec autant de subtilité les illusions véhiculées par les dirigeants de la tech. Ces mêmes leaders vous diront qu'ils travaillent à rendre le monde meilleur et que si nous n'avions plus à mettre les mains dans le cambouis de la politique, leurs machines interconnectées nous permettraient enfin de nous organiser par nous-mêmes.

Daub ne se contente pas de déboulonner ces mythes, il montre comment et pourquoi tant de personnes s'y sont laissées prendre. S'il vous est déjà arrivé de vous demander pourquoi il est devenu si difficile d'appréhender les nouvelles technologies et leurs effets sur la société, ce livre est fait pour vous.

Route 101
Univ. Berkeley
Pixar
OAKLAND
Internet Archive
Wikipedia
Uber
Airbnb
ALAMEDA
SAN FRANCISCO
Twitter
Dropbox
SAN LEANDRO
YouTube
SOUTH SAN FRANCISCO
BAIE DE SAN FRANCISCO
HAYWARD
Route 101
UNION CITY
SAN MATEO
Oracle
EA
El Camino Real
FREMONT
280
Evernote
REDWOOD CITY
Facebook
Usine Tesla
Route 101
MENLO PARK
Palantir
Google
MILPITAS
PALO ALTO
Univ. Stanford
HP
MOUNTAIN VIEW
Yahoo!
Cisco
AMD
PARC
Singularity Univ.
SUNNYVALE
OCÉAN PACIFIQUE
Theranos
El Camino Real
LinkedIn
Nvidia
PayPal
200
Tesla
LOS ALTOS
SANTA CLARA
Intel
SAN JOSE
Apple
Adobe
CUPERTINO
Ebay
SARATOGA
Netflix
LOS GATOS
Paris à l'échelle
Esalen
5 km

Introduction

VOICI UN LIVRE sur l'histoire des idées d'un monde qui aime faire croire que ses idées n'ont pas d'histoire. Le secteur de la tech ne s'intéresse pratiquement pas aux questions qui seront soulevées ici ; les entreprises technologiques se contentent de créer un produit, puis de chercher à le commercialiser. Mark Zuckerberg lui-même le dit clairement : «*Je n'avais pas très bien communiqué sur le fait que nous tentions d'accomplir cette mission. Nous avons simplement travaillé jour après jour en faisant plus ou moins ce qui nous semblait nécessaire pour continuer sur la bonne voie*[1]. » La mission, la grande question, n'est devenue importante qu'après. Lorsqu'il s'est trouvé contraint d'y apporter une réponse rétrospective : comment je l'explique aux journalistes ? À la Chambre des représentants des États-Unis ? À moi-même ? En même temps, la citation de Zuckerberg laisse sous-entendre qu'*il y avait* bel et bien une mission dès le départ, que venir chaque jour au bureau et travailler sur un bon produit commercialisable n'a jamais été

1. La citation de Mark Zuckerberg est tirée d'une interview réalisée pour la série « How to Build The Future » de Y Combinator. Elle peut être consultée ici : https://www.ycombinator.com/future/mark/.

la seule raison d'être de Facebook. Dans *La pensée selon la tech*, j'examine ce à quoi s'intéressent les entrepreneurs du secteur et les médias qui les adulent lorsqu'ils arrivent au point de devoir contextualiser ce qu'ils font – lorsque leur récit doit s'inscrire dans le grand roman du monde dans lequel nous vivons et travaillons tous.

Tandis que la Silicon Valley redessine le monde, des journalistes, des universitaires et des activistes évaluent de plus en plus les nobles idéaux que des entreprises comme Google ou Facebook prétendent poursuivre. Comme l'explique le journaliste Franklin Foer, les entreprises de la Silicon Valley « *ont un socle d'idéaux, mais elles ont aussi un modèle économique. Elles finissent par reconfigurer vos idéaux pour justifier leur modèle économique*[2] ». Ce livre examine l'origine des idéaux affichés par ces entreprises. La question est loin d'être anecdotique : elle interroge la façon dont les changements provoqués par la Silicon Valley sont rendus crédibles et présentés comme inévitables. Elle interroge la façon dont les personnes impliquées dans le secteur de la tech perçoivent leurs projets et la relation entre ce secteur et le reste du monde. Ce livre ne s'attache pas à expliquer le langage employé par la Silicon Valley pour décrire ses activités quotidiennes – des livres passionnants pourraient être et ont été consacrés aux idées sur lesquelles reposent des termes comme « utilisateur », « plateforme » ou « design ». Il s'agit plutôt d'examiner ici ce que le monde de la tech pense faire lorsqu'il lève le nez de ses tâches quotidiennes

2. Franklin Foer a discuté avec Keith Spencer de l'impact du modèle économique de la Silicon Valley sur notre pensée. Le texte de l'entretien est disponible sur : https://www.salon.com/2017/09/10/interview-franklin-foers-world-without-mind-describes-how-algorithms-erode-free-will/.

– lorsqu'il affirme changer le monde, révolutionner X ou libérer Y. Lorsqu'il s'intéresse aux protestations de la place Tahrir ou aux microdons de 27 dollars récoltés par Bernie Sanders. Quelles sont les idées qui commencent alors à circuler ? Et d'où viennent-elles ?

Le fait même que ces idées ont une histoire a de l'importance. La Silicon Valley sait parfaitement « recadrer » les questions, les problèmes et les solutions, selon les termes mêmes du *design thinking*. Et bien souvent, la relation entre les versions « recadrées » et les originales est très floue. On a facilement l'impression que le recadrage d'un problème enlève toute pertinence à la définition initiale de celui-ci. Que c'est peut-être le problème initial qui n'est plus pertinent. Cela est sans doute en partie inhérent à l'évolution technologique : il est après tout difficile de se souvenir de l'histoire de quelque chose qui modifie le fonctionnement de la mémoire. Dans les années 1960, le théoricien de la communication Marshall McLuhan (1911-1980) proposait : « *Ce n'est pas au niveau des idées et des concepts que la technologie a ses effets : ce sont les rapports des sens et les modèles de perception qu'elle change petit à petit sans rencontrer la moindre résistance*[3]. »

Mais de toute évidence, l'histoire ne se résume pas à cela. Dans une certaine mesure, les entreprises technologiques encouragent délibérément l'amnésie autour des concepts sur lesquels elles s'appuient pour élaborer des politiques publiques (sans admettre le faire). En fétichisant la nouveauté

---

3. La citation de McLuhan est tirée de Marshall McLuhan, *Understanding Media*, éd. Terrence Gordon, Gingko Press, 2008, p. 31. (En français : Marshall McLuhan, *Pour comprendre les médias*, traduction de Jean Paré, Points, 2015, p. 35.)

du problème (ou du moins son « cadrage »), on prive le public des outils analytiques qu'on appliquait auparavant pour résoudre des problèmes similaires. Certes, très souvent, ces technologies sont réellement nouvelles, mais les entreprises qui les mettent au point s'appuient sur cette idée de nouveauté pour suggérer que les catégories traditionnelles de compréhension ne leur rendent pas justice. Or, en général, les outils analytiques classiques font pourtant très bien l'affaire. Ce faisant, elles sapent le travail de toutes les personnes qui analysent ces questions depuis toujours, qu'elles soient spécialistes, activistes, universitaires, syndicalistes, journalistes ou responsables politiques.

Pensez à quel point la tech a profité de son déterminisme technologique. Le secteur aime frapper les changements qu'il produit du sceau de loi naturelle : si mon équipe ou moi ne faisons pas ceci, quelqu'un d'autre le fera. Un tel déterminisme influence la façon dont les jeunes sortant de l'université choisissent les entreprises qui les emploieront ; il influence le travail que ces jeunes accepteront d'effectuer. Considérez également à quel point des mots comme « disruption » ou « innovation » sont prépondérants dans l'emprise qu'exerce le secteur de la tech sur notre imaginaire collectif. De quelle façon ce secteur choisit d'écarter certains aspects du statu quo pour en laisser d'autres mystérieusement intacts. Dans quelle mesure il vous fait implicitement passer pour un vieux rabat-joie lorsque vous osez demander si l'on est vraiment capable de faire la révolution quand on représente des milliards d'investissements en capital-risque.

C'est là que les limites de notre pensée deviennent très vite les limites de notre politique. Et si ce que l'on appelle

« innovation » n'était finalement qu'une exploitation opportuniste de vides réglementaires ? Avant d'incriminer ces vides, n'oublions pas que le processus réglementaire est censé être lent, délibéré et légèrement en décalage. De nombreuses entreprises technologiques s'enracinent ainsi entre le moment où une nouvelle façon de gagner de l'argent est découverte et le moment où les autorités se prononcent sur sa légalité. En réalité, c'est souvent sur ce terreau qu'elles font pousser leur siège social.

Prenons Uber et Lyft[4], par exemple. Les deux géants des VTC sont à bien des égards plus flexibles et moins chers pour le consommateur que les services de taxi qu'ils détruisent peu à peu. Ces sociétés sont donc populaires auprès des grands fonds d'investissement, et ce pour une raison essentielle : leurs chauffeurs sont des entrepreneurs indépendants qui n'ont pas de pouvoir de négociation, pas d'avantages sociaux et très peu de protections juridiques. Tout ce que font ces entreprises – des programmes de récompenses qu'elles créent pour leurs entrepreneurs jusqu'à la façon dont les algorithmes attribuant les trajets aux conducteurs semblent pénaliser les courses plus occasionnelles – est en fait conçu pour pousser petit à petit leurs conducteurs vers un emploi à temps plein qu'ils ne sont

4. Il me semble que les algorithmes, les structures incitatives et la gamification sont clairement faits pour pousser les conducteurs d'Uber et de Lyft vers quelque chose approchant d'un véritable emploi sans leur donner le statut d'employés. Cette impression s'est formée après avoir discuté pendant des heures avec des conducteurs de la baie de San Francisco et après avoir fréquenté des forums en ligne s'adressant aux travailleurs à la tâche. Pour lire une étude de terrain tout à fait brillante qui offre un rapport et une analyse de la gamification et des algorithmes sur les applications de VTC, voir l'article de Sarah Mason, « Chasing the Pink » dans le numéro *Play* du magazine *Logic*, n° 6, hiver 2018, p. 17-32.

pas autorisés à appeler emploi à temps plein. Dès que cet état de fait sera reconnu, toutes sortes de règles s'appliqueront à ces entreprises, les rendant encore moins rentables, ce qui les conduira probablement à la faillite. Mais en attendant, ces entreprises vous expliqueront inlassablement qu'elles sont différentes et nouvelles, et que vous passez à côté de l'essentiel lorsque vous leur appliquez des catégories établies.

Ce livre traite de concepts et d'idées qui se veulent novateurs, mais qui ne sont en réalité que des thèmes éculés revêtus de sweats à capuche. La rhétorique de la Silicon Valley peut sembler inédite, mais elle s'ancre en réalité dans des traditions américaines très anciennes – des assemblées revivalistes sous tente au publireportage, de la prédestination au développement personnel. Généralement, les concepts présentent de l'intérêt parce qu'ils nous aident à établir des distinctions importantes, mais les concepts dont je parle dans les chapitres qui suivent servent souvent à brouiller ces distinctions. L'inverse peut également être vrai : certains des concepts présentés dans ce livre visent à créer des distinctions là où il ne devrait pas y en avoir. Nous verrons de nombreux cas où toute une entreprise de propagande est mise en branle pour nous faire croire que deux phénomènes à première vue identiques ne le sont pourtant pas. Une compagnie de taxis perd de l'argent ; Uber perd de l'argent – apparemment, ce n'est pas la même chose. Les idées du secteur de la tech que nous présentons ici ne sont pas erronées en elles-mêmes, mais elles permettent aux riches et aux puissants de faire des distinctions là où il n'y a pas de différences, et d'éluder des différences qu'il serait politiquement important de reconnaître. Ce ne sont pas des idées dangereuses en soi. Leur danger réside plutôt dans le fait qu'elles engendreront sans doute de mauvais raisonnements.

***

Dans les chapitres suivants, j'essaierai de montrer non seulement comment certaines idées imprègnent le monde de la tech, mais aussi comment ce secteur se présente à une presse avide de héros et de méchants, d'histoires spectaculaires dans un milieu en réalité assez peu spectaculaire. Une étude comme celle-ci doit, presque par nécessité, mettre l'accent sur les créateurs d'entreprise, les bailleurs de fonds et les leaders d'opinion les plus visibles. Certes, il serait très intéressant de découvrir ce que pensent les développeurs ou les concepteurs ordinaires, sans parler de toutes les personnes qui composent le secteur et qui ne sont habituellement pas considérées comme faisant partie de celui-ci. Mais ce n'est pas le projet de ce livre. Pour le meilleur et pour le pire, les médias font une fixation sur les leaders *d'opinion* de la tech, comme s'ils avaient besoin de certains personnages[5] pour faire avancer leur récit. Peter Thiel, Elon Musk, Steve Jobs et d'autres personnages du même acabit ont su comment manipuler cette machine – et

5. On a beaucoup écrit au sujet du culte de la personnalité qui a cours dans la Silicon Valley. Je recommande l'analyse de Sunny Bain (voir par exemple : https://blog.oup.com/2019/03/theranos-cult-of-personality-science-tech/), parce qu'elle montre la façon dont ce culte devient opérationnel dans le fonctionnement réel des entreprises. Je suis généralement peu convaincu par l'observation selon laquelle il y aurait quelque chose de « prophétique » ou de « messianique », et donc de religieux quant à la dévotion que ces personnages inspirent. Ou du moins, je ne vois pas pourquoi le lien avec la religion nous dirait quelque chose qu'une sociologie de l'entreprise ne nous dit pas.

ont tiré cet enseignement d'un autre produit californien exporté dans le monde entier : la contre-culture des années 1960[6].

Malheureusement, en braquant les projecteurs sur ces leaders, je prends le risque d'écrire un livre qui perpétue l'une des plus grandes méprises au sujet de la tech. Il n'est pas certain que des personnages comme Mark Zuckerberg, Elon Musk ou même Steve Jobs incarnent réellement la manière dont le milieu technologique se perçoit lui-même. Ce qui est certain, en revanche, c'est qu'ils représentent la manière dont le secteur communique avec le monde extérieur. Ce sont des personnalités facilement identifiables lorsqu'on parle d'un secteur qui, de façon assez troublante, peut se révéler insaisissable et décentralisé. On retrouve ici, après tout, la façon dont la *pars pro toto* qu'est la « Silicon Valley » fonctionne plus généralement. Ce sont des créatures des médias, qui nous invitent à projeter nos craintes, qui façonnent nos espoirs. Plus important encore, leur exemple nous incite à penser que quelqu'un, qu'il soit charismatique ou malfaisant, sait où l'on va. Bien entendu, la visibilité dans la presse n'est pas synonyme de représentativité. Réaliser un film sur Theranos n'a rien de cool. Vous savez ce qui est cool ? Réaliser un film sur Elizabeth Holmes.

Il est essentiel de restituer l'histoire de ces idées si l'on veut interroger ce qu'avance le secteur de la tech à son propre sujet. Mais il est une autre question qu'il faut se poser sur ces idées dès que l'on en connaît l'origine : pourquoi a-t-il

6. Les origines de la figure du « leader d'opinion » dans la contre-culture des années 1960 et dans les fictions d'Ayn Rand sont explorées par Satiajit Das, *Extreme Money: Masters of the Universe and the Cult of Risk*, FT Publishing, 2011.

été commode de les adapter et pourquoi a-t-il été commode d'oublier leur histoire ? Le récit de ces idées croise les grandes transformations qu'ont connues les technologies de l'information ces 70 dernières années. La programmation n'est plus une petite tâche de bureau réservée aux femmes : c'est aujourd'hui une profession bien rémunérée dominée par les hommes. Ces dernières années, les compétences technologiques, autrefois très spécialisées, se sont largement diffusées, au point qu'« apprendre à coder »[7] serait devenu une panacée contre tous les ravages du capitalisme.

L'environnement dans lequel s'inscrit la tech a également changé : le gouvernement, qui était pratiquement propriétaire de l'industrie technologique, lutte désormais pour la réguler. L'informatique n'est plus une matière exotique cherchant à s'implanter, mais une des filières universitaires les plus populaires. La visibilité culturelle du secteur et de ses pratiques a évolué, même depuis la sortie du film *The Social Network* en 2010. Peut-être Foer n'avait-il qu'à moitié raison : lorsque les entreprises de la Silicon Valley reconfigurent vos idéaux, ce n'est pas seulement pour soutenir leur modèle économique. C'est aussi pour éviter toute dissonance cognitive dans leurs réflexions sur le genre, la race, la classe, l'histoire et le capitalisme.

Bien des idées exposées dans ce livre ont connu des trajectoires analogues. Elles ont ainsi émergé d'une époque similaire. C'étaient des idées nouvelles lorsque les années 1960

7. Pour une critique réfléchie mais passionnée des raisons pour lesquelles « *il est malhonnête de vendre la programmation comme un laissez-passer vers le salut économique des masses* », voir Basel Farag, « Please don't learn to code » : https://techcrunch.com/2016/05/10/please-dont-learn-to-code/.

leur ont donné corps, en grande partie sous l'influence de la contre-culture. Elles ont pris leur forme définitive en dehors de l'université, même si elles ne s'en sont jamais beaucoup éloignées. Comme le souligne Stephen Adams[8], spécialiste des sciences de gestion, un grand nombre des établissements d'enseignement et de recherche présentés dans ce livre ont été créés dans le but de contrer la fuite systématique des jeunes talents de la côte ouest vers la côte est. Autour de ces institutions s'est développé un réseau d'intellectuels très instruits, mais aussi très originaux, désireux de bousculer le système. Ce sont eux qui ont injecté ces idées dans les discours émergents autour de ce secteur industriel en plein essor.

Au début, le destin de ces idées était lié à des institutions qui n'avaient pas grand-chose à voir avec le commerce : des centres de recherche, des retraites hippies, des universités ou des communautés intentionnelles. Le fait que les personnes intéressées par ces idées gagnaient beaucoup d'argent n'avait pratiquement pas d'importance ; elles fondaient des entreprises parce qu'elles les considéraient comme des remèdes spontanés et communautaires aux institutions trop rigides que représentaient le gouvernement et l'université. Mais très vite, des formules comme « communication » et « *big data* » ont commencé à circuler moins en raison de leur cachet culturel qu'en fonction du cycle des affaires. Une chose n'a cependant pas changé : l'éducation formelle passait à l'arrière-plan devant ces idées. Mais là où, auparavant, on quittait l'école

8. Je retiens de l'article de Stephen Adams son argument selon lequel la promotion excessive de la Silicon Valley est une tentative d'inverser la fuite des cerveaux de la côte ouest vers la côte est des États-Unis. « Regionalism in Stanford's Contribution to the Rise of Silicon Valley », *Enterprise and Society*, vol. 4, nº 3, septembre 2003, p. 521-543.

pour poursuivre des projets de niche, on en est rapidement venu à quitter l'école pour gagner beaucoup d'argent. La pensée selon la tech s'est développée et précisée au fil même de la création de richesse.

Et la pensée selon la tech pourrait bien être en train de subir un nouveau changement. Fred Turner, professeur de communication à Stanford, a retracé les origines intellectuelles de la Silicon Valley dans son livre *Aux sources de l'utopie numérique* (2006). La génération qu'évoque Turner dans ce livre est devenue adulte dans les années 1960, et s'ils sont devenus riches dans la Valley, c'est dans la riche municipalité de Woodside qu'ils jouent désormais au tennis ; s'ils ont enseigné, l'heure de la retraite a presque sonné. L'esprit est en train de changer. « *Il y a dix ans à peine* », m'a un jour dit Turner, « *un programmeur se reconnaissait encore à ses cheveux longs, son ventre bedonnant et son T-shirt de Gryffondor. Ce n'est plus vraiment le cas aujourd'hui*[9] ».

La génération de penseurs et d'innovateurs dont parle Turner dans son livre lisait encore des volumes entiers de philosophie ; elle avait des doctorats ; elle s'intéressait aux ordinateurs parce que ceux-ci lui permettaient de poser de grandes questions qu'il était auparavant impossible de poser et auxquelles il était encore moins possible de répondre. Eric Roberts fait partie de cette génération. Il a obtenu son doctorat en 1980 et a enseigné à Wellesley avant d'intégrer Stanford. Il a créé deux des cours qui, ensemble, constituent la porte d'entrée de la filière informatique de Stanford et qui sont encore proposés aujourd'hui sous la forme qu'il leur avait

9. Les citations de Fred Turner présentes dans ce chapitre proviennent d'un entretien que j'ai réalisé avec lui en août 2018.

initialement donnée. Les cours CS 106A, « Méthodologies de la programmation », et 106B, « Abstractions de la programmation », sont peu ou prou un rite de passage pour les étudiants de Stanford ; presque tous, qu'ils soient ou non spécialisés en informatique, s'inscrivent à l'un ou l'autre de ces cours pendant leurs années d'études. L'autre cours de Roberts était le CS 181, « Informatique, éthique et politiques publiques ». À l'époque, ce petit cours d'écriture sensibilisait les spécialistes de l'informatique aux ramifications éthiques de leurs inventions. Aujourd'hui, c'est un cours particulièrement dense, limité à une centaine d'étudiants, que les futurs informaticiens et informaticiennes doivent réussir pour obtenir leur diplôme. Eric Roberts a quitté Stanford en 2015 et enseigne aujourd'hui à des classes beaucoup plus petites au Reed College de Portland.

Pour Roberts, le véritable changement s'est produit en 2008, quand bien même « *il a failli se produire dans les années 1980, il a failli se produire dans les années 1990*[10] ». Pendant ces booms technologiques, les effectifs des filières d'informatique ont explosé, au point que le corps enseignant avait du mal à proposer suffisamment de cours pour contenter tout le monde. « *En fait,* explique Roberts, *l'éclatement de la bulle internet nous a probablement sauvés* ». Le nombre d'étudiants en informatique a chuté brusquement lorsque, après l'éclatement de la bulle, les médias ont fait état de nombreux licenciements dans les entreprises point-com. La plupart des personnes concernées ont retrouvé un bon niveau de vie à partir de 2002, mais le mythe de la précarité a subsisté – jusqu'à la crise économique de 2008, c'est-à-dire jusqu'au moment où ce

10. Les citations d'Eric Roberts présentes dans ce chapitre et les suivants proviennent d'un entretien que j'ai réalisé avec lui en novembre 2019.

que Roberts appelle la « *clique de l'enrichissement rapide* » a été chassée par les banques d'investissement et a commencé à retourner sur le navire qu'elle avait abandonné prématurément en 2001. Après s'être brûlé les ailes au contact de l'immobilier et de la finance en 2008, le capital-risque est revenu à l'Ouest, prêt à jeter son dévolu sur quelque chose de nouveau. La tech telle que nous la connaissons aujourd'hui est le fruit de cette rencontre entre certaines idées reçues et une quantité massive de liquidités qui n'avaient nulle part où aller.

***

David M. Kelley, professeur à Stanford et fondateur de la société de design IDEO, est l'un des chantres du *design thinking*. Il a façonné la manière dont la Silicon Valley se présente et se commercialise depuis les années 1980, si ce n'est avant. Cofondateur de l'institut de design Hasso Plattner de Stanford, également connu sous le nom de « d.school », il a donné de nombreuses conférences TED et participé à un grand nombre de salons informatiques. En 2002, Kelley présente dans le cadre d'une conférence TED[11] une série d'exemples montrant comment le *design thinking* fait évoluer le secteur des technologies – offrant au passage un exemple involontaire de la pensée selon la tech. Pendant longtemps, explique Kelley à son auditoire, les entreprises technologiques ont été « *axées sur les produits ou les objets* ». Mais ces dernières années, « *nous nous sommes hissés un peu plus haut dans la pyramide de Maslow* », en nous concentrant davantage sur « *la position de l'humain au cœur* » du design.

11. La conférence TED de David Kelley peut être vue ici : https://www.ted.com/talks/david_kelley_human_centered_design/transcript#t-61821.

Mais pourquoi évoquer la pyramide de Maslow ? Le célèbre modèle de Maslow tente d'expliquer comment certains besoins humains peuvent émerger et n'être satisfaits qu'après la satisfaction d'autres besoins plus fondamentaux. L'idée décrite par Kelley est une question avec laquelle de nombreux philosophes – toute l'école de la phénoménologie, entre autres – se sont longtemps débattus, mais pas Maslow. En contexte, Kelley semble seulement dire que les designers ont eu l'habitude de penser les objets d'une certaine manière, et qu'ils commencent maintenant à les penser autrement, avec plus de complexité, parce qu'ils intègrent désormais « *des comportements et de la personnalité dans les produits* ». Ils reconnaissent que la relation des personnes aux objets est plus complexe qu'ils ne la percevaient auparavant. Jusqu'ici tout va bien. Mais pourquoi citer le psychologue Abraham Maslow (1908-1970) pour appuyer cette idée ?

La pensée selon la tech prend forme sous nos yeux. Kelley ne dit pas : « *Selon le philosophe Martin Heidegger, la subjectivité humaine ne peut se comprendre que comme un mode d'être-au-monde* », ou quelque chose de ce genre. Il n'opte pas pour un point de philosophie qui serait approprié, mais risquerait de dérouter le public de sa conférence TED. Il reprend plutôt un élément de psychologie populaire qui est devenu une sorte de symbole depuis que Maslow l'a inventé en 1943. Et la façon dont il évoque Maslow semble également avoir de l'importance : Kelley ne prend pas le temps de citer ou d'expliquer en détail ; un rapide geste de la main suffit à illustrer son propos. De nombreuses idées présentées dans les pages qui suivent fonctionnent ainsi : elles sont communes, largement partagées et faciles à invoquer, même si personne ne prend la peine de chercher à comprendre leur origine ou leur application exacte. Bien des idées de ce type sont employées par des personnes qui n'adhèrent pas réellement à la philosophie dont elles sont issues – ou qui y adhèrent sans s'en rendre compte.

La pyramide de Maslow constitue aussi un raccourci pratique dans une conférence TED parce qu'il s'agit d'une idée historiquement très ancrée dans la région. Maslow[12] a passé une partie des dernières années de sa vie en Californie. Il a acquis un certain statut à l'institut Esalen, lieu de retraite New Age situé le long de la Pacific Coast Highway ; il a travaillé pour une fondation privée à proximité de Stanford, sur El Camino Real, artère principale de la ville de Menlo Park. J'ai été surpris en écrivant ce livre de constater l'importance des liens entre ces idées et le tissu local. Certains intellectuels mentionnés dans ce livre n'auraient sûrement pas autant d'influence dans le réservoir des idées reçues de la tech s'ils n'avaient pas emménagé dans la baie de San Francisco ou, dans le cas de Maslow, s'il ne s'était pas littéralement garé devant la porte de l'institut Esalen. Il n'est pas impossible qu'une certaine fierté locale anime Kelley lorsqu'il mentionne Maslow. Il n'est pas impossible qu'un certain sens de la généalogie entre également en jeu, une longue tradition qui s'écrit depuis la psychothérapie New Age et les communautés intentionnelles de gauche jusqu'aux conférences TED.

Il n'en reste pas moins que ce localisme est assez remarquable, d'autant plus que l'une des grandes réussites de cette industrie a été d'ouvrir le monde d'une façon jusque-là

12. Je m'inspire de la biographie d'Edward Hoffman sur Maslow, *The Right to Be Human*, McGraw Hill, 1999. Les liens avec Esalen sont décrits à la page 273.

inimaginable. Mais c'est une histoire locale. La tech recrute à partir de milieux, d'origines, d'écoles, de classes sociales, etc., bien spécifiques. Les écarts d'âge, en particulier dans les petites entreprises à croissance rapide, peuvent être extrêmement restreints, et bon nombre des personnes plus âgées avec lesquelles ces entreprises interagissent (les investisseurs en capital-risque ou les avocats, par exemple) leur ressemblent et n'ont en réalité que cinq ans de plus. La Silicon Valley adore les expressions « tout le monde », « universel » et « nous », mais ce qu'elle entend généralement par là, ce sont « mes anciens camarades de classe », « mes colocataires à East Palo Alto » ou « mes quatre subordonnés immédiats ». L'universalité vers laquelle leur modèle économique les pousse est en tension avec le nombre très limité de personnes que compte en réalité leur entourage.

Il est également caractéristique que Kelley n'ait pas cité un seul professeur d'université alors qu'il enseigne à Stanford. Maslow était un universitaire, mais il travaillait dans une institution de recherche privée de la Valley. La pensée selon la tech se développe essentiellement en dehors de l'université, mais à portée de voix de celle-ci. Peter Thiel est l'un des protagonistes les plus célèbres de cette relation d'amour-haine qu'entretient la tech avec le monde universitaire. Cet entrepreneur a fait fortune en cofondant PayPal et en investissant dans des entreprises comme Facebook, et il est bien connu pour sa méfiance à l'égard de l'enseignement supérieur. Thiel offre des bourses à des jeunes pour qu'ils n'aillent pas à l'université, et il a dit considérer l'université comme une bulle. Il a néanmoins passé près de dix ans à Stanford, où il a obtenu à la fois une licence et un diplôme de droit, et, lorsqu'il s'y rend, il est le bienvenu au Faculty Club, le club réservé au personnel de l'université. Elon Musk aime à se présenter comme un autodidacte et il a effectivement abandonné un programme de doctorat à Stanford, mais il a lui aussi passé beaucoup de temps à l'université, tant au Canada qu'aux États-Unis. Les idées que je vais décrire dans ce livre sont proches des milieux universitaires, teintées d'académisme. Elles ne peuvent pas s'affranchir de l'institution, pas plus qu'elles ne peuvent s'y sentir pleinement chez elles. Et la meilleure façon de les acquérir est le sujet du premier chapitre : le décrochage universitaire.

I.

Décrochage

À L'AUTOMNE 2007, Denise Winters travaillait au secrétariat général de l'université Stanford. En tant que responsable des services aux étudiants, elle s'occupait entre autres des demandes d'interruption des études. Les étudiants souhaitant suspendre leur cursus devaient indiquer dans un formulaire le motif de l'interruption. La plupart évoquaient des parents malades, des problèmes médicaux, le sentiment d'être submergés par la charge de travail. «*N'écrivez pas un roman*», leur disait-elle. «*Au bout du compte, cela ne regarde que vous.*» Pourtant, une justification fournie cet automne-là allait la surprendre par sa concision. «*Qu'est-ce qu'un 23andMe ?*», se souvient-elle avoir demandé.

Personne ne sait exactement combien d'étudiants de Stanford ont quitté l'université pour rejoindre ou créer des entreprises dans le domaine des technologies de l'information ou des biotechnologies sans avoir obtenu leur diplôme. L'établissement ne conserve pas de données sur les raisons pour lesquelles on le quitte, ce qui est en soi le vestige d'une époque où l'abandon des études faisait mauvaise impression sur un CV et n'était pas quelque chose dont on pouvait se vanter sur CNBC. L'administration de Stanford affirme que ses chiffres sont probablement plus élevés que dans d'autres universités du même calibre, mais qu'ils ne sont pas astronomiques pour autant. Toutefois, ce nombre relativement limité de décrochages universitaires a considérablement influencé l'image que le public se fait du secteur de la tech et des jeunes prodiges qui en ont produit la version la plus récente. Vous écrivez une certaine légende lorsque vous dites avoir « étudié à Harvard », mais une autre sorte de légende ne peut s'écrire qu'en affirmant avoir « abandonné Harvard ».

Elizabeth Holmes, l'ancienne PDG de la start-up de biotechnologie Theranos, actuellement jugée pour escroquerie et collusion devant un tribunal de San Jose[1], semblait l'avoir compris mieux que quiconque. « La plus jeune femme milliardaire d'Amérique n'a jamais fini ses études », titrait CNN en octobre 2014[2]. Presque tous les portraits flatteurs publiés au fil des ans évoquaient le fait que Holmes avait abandonné ses études à Stanford, peut-être avec plus de ferveur qu'ils n'auraient mentionné son université si elle en était effectivement sortie diplômée. L'abandon comme ligne de plus sur son CV. De plus, presque tous les articles faisaient référence à

1. Entre la rédaction de cet ouvrage et sa publication en français, le procès a eu lieu et Elizabeth Holmes a été jugée coupable. Voir l'article du *Monde* : https://www.lemonde.fr/economie/article/2022/01/04/etats-unis-au-proces-theranos-le-jury-reste-indecis-sur-la-culpabilite-d-elizabeth-holmes_6108076_3234.html.

2. Le sujet de CNN peut être consulté ici : https://money.cnn.com/2014/10/16/technology/theranos-elizabeth-holmes/index.html.

une galerie de bons à rien célèbres qui avaient eux aussi abandonné leurs études (et que Holmes avait certainement voulu imiter en quittant Stanford prématurément) : Bill Gates, Steve Jobs ou encore Mark Zuckerberg.

En réalité, Holmes quitte Stanford plus d'une décennie avant le gros titre de CNN. À l'époque, elle lève un million de dollars auprès de son ancien voisin de Los Altos Hills, Tim Draper, qui se trouve alors être un des investisseurs en capital-risque les plus respectés de la Silicon Valley. Accessoirement, elle demande aussi un peu d'argent au père d'une connaissance de Stanford, qui fabrique des appareils médicaux à Taïwan[3]. Et puis encore un peu à sa famille... Qualifier Holmes de « décrocheuse » n'est pas faux, mais c'est aussi mettre en lumière à quel point deux actions apparemment similaires peuvent en réalité avoir une portée radicalement différente. Un intéressant dédoublement de la pensée s'opère chez les investisseurs, la presse et le public lorsqu'ils s'extasient devant une décrocheuse comme elle tout en s'alarmant d'une « épidémie de décrochages » chez des enfants aux profils très différents. Le fait qu'une grande partie des inquiétudes soulevées récemment par cette « épidémie de décrochages » aient été suscitées par la publication d'un rapport de la Fondation Gates[4] a de quoi faire sourire. Mais cette dissonance cognitive est probablement

3. Les financements levés par Holmes sont décrits par John Carreyrou dans *Bad Blood: Secrets and Lies in a Silicon Valley Startup*, Knopf, 2018. (En français : John Carreyrou, *Bad Blood : Scandale Theranos, secrets et mensonges au cœur de la Silicon Valley*, traduction d'Aude Sécheret, Larousse, 2019.)

4. Le rapport de la Fondation Bill et Melinda Gates sur une « épidémie de décrochages » est disponible à l'adresse : https://docs.gatesfoundation.org/Documents/thesilentepidemic3-06FINAL.pdf.

révélatrice : les enfants, ne faites pas ce que Bill Gates a fait, à moins d'être Bill Gates.

Lorsqu'on étudie dans une université d'élite et qu'on la quitte prématurément pour créer une entreprise, on exploite un récit. C'est un bon moyen de s'associer à un lieu prestigieux sans vraiment s'y associer. C'est un élitisme qui snobe très visiblement l'élite ou, peut-être mieux encore, qui snobe l'élite tout en profitant de son rayonnement. Mais la question mérite d'être posée : en quoi l'abandon des études serait-il formateur ? Parce que le prodige tech typique décrit par les médias fait tout sauf l'impasse sur l'université. Il ou elle va à l'université, mais d'une nouvelle manière – en la fréquentant, en suivant quelques cours, en y formant des amitiés, avant de la quitter. Comme nous allons le voir pour la Silicon Valley en particulier, l'abandon des études a plus à voir avec la contre-culture des années 1960 qu'avec la réussite entrepreneuriale, mais le vocabulaire qui s'y rattache, évocateur d'une pensée non conventionnelle et d'une certaine indépendance, se retrouve associé aux célébrités décrocheuses de la tech.

Le décrochage complique également la tâche des historiens qui cherchent à mettre en évidence les influences qui ont marqué la génération actuelle d'entrepreneurs. Certains professeurs de Stanford ont formé presque tous les technologues diplômés de l'université ; il est légitime de supposer que des aspects de leur réflexion sur l'informatique ont influencé leurs élèves. Les fondateurs de Google attribuent à Terry Winograd[5] la tournure qu'a prise le développement de

5. Terry Winograd a été le directeur de thèse de Larry Page à Stanford (https://www.wired.com/2005/08/battelle/). Il semblerait qu'une grande partie du travail fondateur de la technologie Google ait été réalisée au

leur célèbre entreprise. Que devient cette équation lorsque l'exposition à la pensée académique tient plus d'un survol momentané et utilitariste que d'une véritable formation ? Quand l'université est moins une question de lente incubation des talents qu'un saupoudrage rapide de prestige et de quelques idées cool ?

Le présent chapitre pose les bases de tous les termes explorés dans les chapitres suivants. Comment fonctionnent des concepts tels que la communication ou le contenu lorsque la personne qui les utilise a survolé leur histoire extrêmement longue et riche dans un simple cours d'introduction générale, en a discuté avec ses colocataires, puis a quitté l'université pour trouver comment faciliter les paiements par carte de crédit ? Comment ces concepts fonctionnent-ils lorsqu'on en a saisi les grands principes, mais pas grand-chose de plus ?

***

Quiconque a fréquenté une université aux États-Unis sait combien l'expérience peut être déconcertante : exigences aléatoires, offres de cours passionnantes, mais apparemment hétéroclites, choix à effectuer en fonction des conflits d'horaires et des lubies des départements. C'est particulièrement

----

cours de cette période. En 2001, Page et Brin publiaient un article scientifique au sujet de PageRank, l'algorithme sur lequel repose la recherche Google ; Winograd était cité comme quatrième auteur (http://ilpubs.stanford.edu:8090/422/). [NdE] À la même époque, le chercheur français Serge Abiteboul travaillait dans le même laboratoire de Stanford. Il raconte, de son point de vue, la genèse de Google dans un épisode du podcast de Xavier de La Porte, *Le code a changé*. https://www.franceinter.fr/emissions/le-code-a-change/le-francais-qui-a-vu-naitre-google.

vrai les premières années, c'est-à-dire les seules que l'on passe généralement sur les bancs de l'université en cas de décrochage. Personne ne semble s'être donné la peine de découvrir l'ensemble des cours que Mark Zuckerberg a suivis à Harvard avant d'abandonner ses études en 2004. On s'intéresse surtout au cours CS 121 donné par le professeur Harry Lewis (en partie parce que Bill Gates l'a également suivi avant de quitter l'université) et à sa spécialisation en psychologie (probablement parce que Facebook joue avec nos processus psychologiques, même si Mark Zuckerberg a lui-même déclaré ne pas avoir suivi beaucoup de cours dans ce domaine avant de quitter l'université). Il a par ailleurs mentionné le cours d'introduction à l'économie EC 10 dans le discours qu'il a prononcé lors de la cérémonie de remise des diplômes organisée en 2017 dans cette même université.

Donc, même si Zuckerberg a très certainement suivi de nombreux cours du tronc commun de Harvard[6] (dans onze domaines différents, dont le « raisonnement moral » ou les « cultures étrangères »), les cours qui sont entrés dans la légende populaire sont ceux qui semblent prédire ce qu'il allait faire après avoir quitté Harvard prématurément. Le plus drôle, c'est que ce n'est pas vraiment ainsi que fonctionne l'université pour la plupart des gens. Chaque année, je reçois des e-mails de parents angoissés qui me demandent ce que leur enfant pourrait bien faire avec un diplôme en études féministes, des genres et des sexualités, par exemple, ce à quoi je réponds que presque tout lui est ouvert. D'une certaine manière, le

6. Le tronc commun de Harvard à l'époque où Mark Zuckerberg fréquentait l'université peut être consulté ici : http://registrar.fas.harvard.edu/files/fas-registrar/files/2003-2004.pdf.

décrochage transforme l'équation : qui renonce aux études renonce aussi à l'ouverture et à la diversité du parcours universitaire américain. Les études deviennent prédictives et professionnalisantes alors qu'elles ne sont pas censées l'être (les quatre premières années en tout cas), *a fortiori* dans les établissements que quittent ces étudiants devenus célèbres, des universités dont le prestige rend le décrochage d'autant plus méritoire.

Mark Zuckerberg a publiquement déclaré : «*J'ai probablement plus appris à coder avec les projets que j'ai menés en parallèle que dans les cours que j'ai suivis à l'université.*» Le décrocheur perçoit assez facilement sa relation à l'université comme transactionnelle. Éducation holistique, culture générale, étudiants polyvalents, futurs citoyens responsables… Toutes ces notions sont étroitement liées à l'achèvement du cycle complet d'un programme éducatif défini avec soin. Les cyniques pourraient dire que ce n'est pas pour rien si les universités défendent ces idées avec autant d'enthousiasme : elles justifient le coût de quatre années d'études. Mais ce n'est pas ainsi que les décrocheurs voient les choses. Ils considèrent simplement l'université d'un point de vue de clients, des clients dont l'expérience étudiante ne leur donnerait pas entière satisfaction. À l'exception de Peter Thiel, qui semble enferré dans une étrange codépendance avec l'enseignement supérieur, façon «je t'aime moi non plus», la plupart des décrocheurs semblent considérer l'université comme une expérience à oublier. Mais cette vision des choses implique de modifier ce que l'on entend généralement par expérience universitaire.

Lorsque la chaîne CNBC rapporte les propos de Mark Zuckerberg[7], elle les interprète comme s'il affirmait avoir « appris davantage d'un hobby qu'à Harvard ». Mais ce n'est pas tout à fait ce que dit Zuckerberg. Il dit avoir plus appris à *coder* grâce à un hobby que dans ses *cours* à Harvard. C'est ainsi qu'il passait son temps libre en parallèle de ses études ; on pourrait probablement aller jusqu'à avancer que ces hobbys faisaient partie de l'expérience Harvard. En outre, la métonymie « Harvard » ne doit pas se confondre avec les cours suivis – et les universités elles-mêmes seraient les premières à affirmer que les « projets parallèles » sont tout aussi formateurs. Après tout, c'est ainsi qu'elles justifient le prix exorbitant des lits dans leurs dortoirs. Ce n'est pas pour rien que Zuckerberg a recruté la plupart des autres fondateurs de Facebook à Harvard. Mais CNBC a voulu présenter les remarques de Zuckerberg comme un rejet de l'université. Le discours dominant sur le décrochage scolaire met sur un pied d'égalité des idées dont nous savons par expérience qu'elles ne sont pas égales. Or, l'expérience universitaire ne se résume pas aux cours que vous y suivez ; et les cours que vous y suivez ne sont pas uniquement des cours qui vous préparent à une éventuelle réussite professionnelle.

Soyons clairs : Mark Zuckerberg ne recommande pas d'abandonner l'université lorsqu'il évoque ses projets parallèles à Harvard. Il donne cet exemple pour illustrer

7. Le reportage de CNBC est disponible à l'adresse https://www.cnbc.com/2017/03/13/mark-zuckerbergsays-he-learned-more-from-a-hobby-than-he-did-at-harvard.html, mais il fait référence à une réunion publique qui s'est tenue en 2017 à l'université agricole et technique de l'État de Caroline du Nord (NC A&T). La question est abordée vers la 36e minute : https://www.facebook.com/zuck/videos/10103568956499361/.

l'importance de faire preuve de créativité « à côté des boulots que vous avez ». Une fois de plus, l'angle offert par CNBC n'est pas le bon. Toutefois, ce reportage lève peut-être le voile sur la façon dont Zuckerberg perçoit réellement son expérience universitaire : comme un premier emploi. Il y est resté suffisamment longtemps pour apprendre ce qu'il avait besoin d'y apprendre, mais quand il a commencé à s'y ennuyer et qu'une nouvelle opportunité s'est présentée, il a changé d'emploi. Cette pratique n'a rien d'étonnant pour quiconque a observé les gens changer d'emploi dans le secteur de la tech, en particulier dans la Silicon Valley : ses jeunes talents craignent réellement de rester trop longtemps dans une entreprise dont l'éclat s'est terni, dont la technologie n'enthousiasme plus personne. La panique se lit dans les yeux de celles et ceux qui admettent toujours travailler dans la même start-up dont personne n'a entendu parler après deux ou trois ans, à laquelle personne ne s'intéresse.

Elizabeth Holmes est rentrée à Stanford en septembre 2002 ; elle a quitté l'université à l'hiver 2004. Je tiens à préciser que je n'ai pas consulté ses relevés de notes, ce qui aurait été malsain et probablement illégal. Mais j'ai conseillé suffisamment d'étudiants à Stanford pour me faire une idée de son bref passage à l'université. Elle a probablement dû suivre le programme intitulé alors « Introduction aux sciences humaines et sociales », un enseignement général obligatoire, destiné à « *construire une base intellectuelle fondée sur l'étude de la pensée, des valeurs, des croyances, de la créativité et de la culture humaines* ». À l'automne 2002, cela aurait impliqué de suivre un cours général tel que « Perspectives sur la mortalité », « Citoyenneté » ou « Penser avec la nature » – huit cours de ce type étaient proposés ce trimestre-là – ainsi qu'une séquence de deux autres cours spécifiques aux deuxième et troisième trimestres de l'année 2002/2003. En pratique, les cours d'automne étaient structurés autour de cinq grands livres couvrant une grande partie de l'histoire de l'humanité (en commençant par *L'Épopée de Gilgamesh* et en finissant par une bande dessinée) ; les cours d'hiver et de printemps étaient conçus autour de dix grands livres sur un thème plus limité.

Holmes a certainement aussi suivi un cours du « Programme d'écriture et de rhétorique », organisé sur deux trimestres, à moins d'avoir obtenu un 4 ou un 5 (la meilleure note) à l'examen avancé d'anglais passé pendant ses études secondaires, auquel cas il lui était possible de suivre une version accélérée sur un trimestre. Un cours de langue était imposé, mais les cours d'immersion en mandarin qu'elle avait suivis au secondaire lui ont peut-être permis d'en être dispensée. Selon le journaliste John Carreyrou, elle a très probablement assisté au séminaire d'introduction intitulé « Administration de médicaments au XXIe siècle »[8] pendant son premier trimestre à Stanford. C'est Channing Robertson qui donnait ce cours, le même qui allait par la suite aider Theranos à obtenir ses premiers financements. Enfin, elle a vraisemblablement suivi le cours d'« Introduction à l'ingénierie chimique » de Robertson au cours du troisième trimestre – avant, semble-t-il, de tout abandonner.

Si je m'attarde sur les rouages de Stanford, c'est pour souligner que le type de préparation évoqué par l'expression

8. La description du cours sur l'« Administration de médicaments au XXIe siècle » est archivée ici : http://web.stanford.edu/dept/registrar/bulletin_past/bulletin02-03/pdf/ChemEng.pdf.

« décrocheuse de Stanford » est en réalité tout l'opposé de ce à quoi sa préparation a pu ressembler. Dans une interview de 2009, Holmes a affirmé – avec le recul, l'ironie de cette déclaration est d'ailleurs ahurissante – avoir décidé que « *quelques cours supplémentaires d'ingénierie chimique n'apporteraient rien* » à ce qu'elle espérait accomplir. Dans une autre interview, elle annonçait : « *J'ai reçu une formation d'ingénieure*[9]. » À l'époque, bien avant que sa vaste entreprise de fraude soit révélée, il était facile d'approuver ces déclarations et de se dire : « oui, c'est vrai, on *peut* sans doute apprendre beaucoup pendant une année d'études magique, accaparante, intense dans une institution pleine à craquer de jeunes gens motivés et animés par les mêmes idées. » On peut sans doute acquérir toutes les compétences nécessaires dans un tel environnement. Mais le fait est que ce n'est pas l'éducation que Holmes a reçue. C'est l'éducation qu'elle aurait pu recevoir après avoir étudié son « Programme d'écriture et de rhétorique », après avoir rempli ses obligations d'enseignement général, après avoir amélioré son mandarin et après avoir exploré certaines « Perspectives sur la mortalité » ou d'autres cours de ce genre.

Une grande partie du corps professoral s'inquiète du décrochage, y voyant une manifestation de la guerre menée contre « l'éducation libérale », contre la culture générale : l'université serait traitée comme une école de formation professionnelle, sans considération pour les efforts déployés

9. C'est dans une interview avec Charlie Rose qu'Elizabeth Holmes a prononcé la phrase : « *J'ai reçu une formation d'ingénieure.* » La citation complète dit : « *J'ai reçu une formation d'ingénieure, et j'aimerais me voir comme une ingénieure, mais je consacre désormais tout mon temps à tenter de remplir notre mission.* » https://www.bloomberg.com/news/videos/2015-06-04/elizabeth-holmes-ceo-of-theranos-charlie-rose-06-04-.

dans le but de former des individus polyvalents et de bons citoyens. C'est peut-être le cas. Mais paradoxalement, dans presque toutes les institutions de l'enseignement supérieur américain, les personnes qui décrochent n'étudient *que* les généralités. Est-ce que cela influence leur façon de penser ? Si tel est le cas, cela ne veut pas nécessairement dire que les décrocheurs quittent l'université avec une vision étroite du monde. Holmes a (probablement) lu 25 classiques de la littérature occidentale, ce qui est plutôt respectable. Par contre, elle s'est préparée à diriger une start-up de biotechnologie en écoutant des « scientifiques et ingénieurs invités à décrire les produits disponibles sur le marché et en cours de développement » et en effectuant des « visites sur le terrain » (je me contente de citer le descriptif du cours).

Les décrocheurs risquent de quitter l'université avec la conviction qu'il y a d'un côté des généralités parfaitement vraies, mais relativement superficielles, et de l'autre des problèmes très précis. C'est ce vaste fossé entre les deux que la suite de l'expérience universitaire est censée combler. C'est à ce moment-là que les questions d'ordre général viennent peser sur des questions assez délicates, circonscrites à un domaine. À Stanford, malheureusement, c'est aussi au cours des années suivantes que la plupart des ingénieurs suivent leur cours obligatoire sur l'éthique. Qui sait ce que serait devenue Elizabeth Holmes aujourd'hui si Stanford avait proposé ce cours dès le début de sa formation en 2002 ?

***

Lorsqu'une personne comme Elizabeth Holmes invoque délibérément d'autres décrocheurs ayant réussi dans les hautes technologies à l'heure de remballer ses affaires et de quitter sa résidence universitaire, elle puise également dans une histoire bien plus longue du décrochage, une histoire dont elle est peut-être moins consciente.

Les histoires de genèse sont omniprésentes dans la Silicon Valley. Les entreprises en ont, les créateurs d'entreprises en ont et même les employés lambda semblent fabriquer leur légende. Ces histoires sont probablement nécessaires parce que les produits développés dans la Silicon Valley et les lieux où la magie opère n'ont rien de spectaculaire, mais les investisseurs, les journalistes et le public ont malgré tout besoin de s'émerveiller devant quelque chose. La société est fascinée par le décrochage parce que la plupart des gens, presque par définition, n'ont pas décroché. Le fantasme de la rupture permet aux journalistes et au public de transformer quelques décisions relativement aléatoires et souvent prévisibles en un récit cohérent. Mais étrangement, il remplit peut-être la même fonction chez certains protagonistes de la tech. Dans un secteur qui idéalise l'indépendance, mais qui repose (comme la plupart des autres secteurs) sur des filières désormais bien établies, il doit y avoir une dissonance cognitive considérable entre l'image que l'on se doit de donner et ce que l'on est vraiment. On encourage à présenter comme prise de risques ce qui n'est en réalité qu'une adhésion aux règles, comme excentricité ce qui n'est en réalité qu'un savoir commun largement partagé et comme triomphe tardif après tant d'adversité ce qui n'est en réalité qu'un simple événement inévitable.

C'est dans ce contexte que l'abandon de l'université est devenu aujourd'hui cet acte spectaculaire qui attire l'attention. Les créateurs d'entreprises ont très peu tendance à le mettre en avant eux-mêmes et comptent sur d'autres pour le faire à leur place. Et ces autres le font systématiquement. On peut pratiquement se figurer ces journalistes au désespoir de relever la plus insignifiante variation biographique d'une jeunesse blanche aisée afin de trouver *quelque chose* à dire sur ces personnes. Dans leurs papiers, le moindre pas hors des sentiers battus devient un signe de génie. À l'époque où Elizabeth Holmes est encore en couverture de *Fortune*, ses portraits s'étendent sur le fait qu'elle a su user de persuasion, en tant qu'étudiante de première année, pour se faire admettre dans un laboratoire *avec doctorants*. (Combien de laboratoires *sans* doctorants connaissez-vous et ne devrions-nous pas les fermer ?) Avoir appris à coder seule pendant le secondaire est un incontournable. Le fait que Holmes connaisse le mandarin (elle a pris des cours d'été) est un autre détail mis en avant dans l'idée que, de toute évidence, cela *devait* être important et intéressant. Toutes ces choses sont parfaitement ordinaires et chaque étudiant suit en réalité un parcours spécifique. D'une certaine façon, les sommets qu'atteignent subitement ces jeunes gens en termes de réussite poussent à se focaliser sur des éléments de leur biographie qui, réflexion faite, n'ont rien de remarquable.

Ce n'est probablement pas le fruit du hasard si des personnes qui commencent, puis renoncent ostensiblement à une éducation prestigieuse finissent le plus souvent par se retrouver dans la baie de San Francisco, une région où l'expression « décrochage » s'accompagne de certains échos historiques, renvoie à certaines promesses non tenues qui présentent à la fois des similarités et de grandes différences. « *Turn on, tune in, drop out*[10] » (« Viens, écoute, décroche ») est le célèbre slogan rendu populaire par Timothy Leary au *Human Be-In* organisé dans le Golden Gate Park de San Francisco en 1967[11]. Il est utile de garder à l'esprit cette vision du décrochage lorsqu'on examine les mythes qui entourent les célèbres décrocheurs universitaires de la tech.

Tout comme nos décrocheurs modernes, Leary a souvent établi un lien entre le décrochage et la construction de mythes : « *Pour décrocher, tu dois créer ta propre religion.* » Certes, l'acte en soi peut mettre le décrocheur en contact avec une certaine forme d'énergie préexistante, « *pour la liaison céleste ancienne avec la dynamo étoilée dans la mécanique nocturne* », selon les mots d'Allen Ginsberg[12]. Mais dans une certaine mesure, Leary pense que la connexion doit être inventée : « *Tu choisis un mythe qui te rappelle que tu t'inscris dans un processus ancien et sacré. Tu choisis un mythe qui te guide lorsque tu décroches des limites étroites du décor factice du studio de cinéma.* » Le choix d'un mythe est une idée centrale ici : le décrochage implique de renoncer dans certaines limites à la maîtrise de la situation à laquelle on est confronté, mais de garder le contrôle sur le sens de cette situation. Le décrochage est à la fois un retour sur soi et une ouverture sur le monde.

---

10. Timothy Leary, *Turn On, Tune In, Drop Out*, Ronin Publishing, 1999.
11. Robert Greenfield, *Timothy Leary: A Biography*, Harcourt, 2006.
12. Allen Ginsberg, *Howl and Other Poems*, City Lights, 2002, p. 9. (En français : Allen Ginsberg, *Howl*, édition bilingue, traduction de Jean-Jacques Lebel & Robert Cordier, Christian Bourgeois éditeur, 2005).

Dans *Le Loup des Steppes* de Hermann Hesse[13], un ouvrage certes publié en 1927, mais ayant trouvé un second souffle avec les beatniks, le saxophoniste Pablo attire Harry Haller, le personnage principal, dans un théâtre magique hallucinatoire et lui parle d'un autre monde qui « *n'existe qu'en [son] for intérieur* ». Il tend à Harry un miroir dans lequel ce dernier voit « *une image lugubre, mouvante, violemment marquée par l'inquiétude et l'agitation. C'était moi, Harry Haller, et en moi, en Harry, le loup des steppes ; un beau loup farouche dont le regard était pourtant égaré et craintif, animé d'une lueur tantôt menaçante, tantôt triste* ». Le décrochage éloigne des « *performances robotisées propres au studio de télévision* », comme l'explique Leary. Il guide plutôt vers le loup des steppes qui est en chacun de nous.

Aldous Huxley pensait que l'acide permettait d'accéder aux « antipodes », des zones de l'esprit éclipsées en temps normal[14]. Mais dans le cas de Harry Haller, le recentrage sur sa propre individualité revient à éliminer des parties de soi qui ont été construites ou déformées par des forces extérieures, par les attentes de la société et surtout par les institutions éducatives. Hesse n'avait pas aimé l'école, et bon nombre des

13. Hermann Hesse, *Steppenwolf*, traduction en anglais de Basil Creighton, Macmillan, 2002, p. 175. Pour un exemple de la façon dont les sixties interprètent Hesse, voir l'essai de Leary : Timothy Leary, *The Politics of Ecstasy*, Ronin Publishing, 1998. (En français : Hermann Hesse, *Le loup des steppes*, traduction d'Alexandra Cade, Calmann-Lévy, 2004, p. 187-188. Timothy Leary, *La Politique de l'extase : L'Expérience psychique*, traduction de Pierre Sisley, Edilivre, 2019.)

14. La perception par Huxley des antipodes (et les origines de la métaphore) est explorée dans : Aldous Huxley, *Complete Essays: 1939-1965*, vol. 5, Dee, 2002, p. 9-15. (En français : Aldous Huxley, *Le Ciel et l'Enfer*, traduction de Jules Castier, Éditions du Rocher, 1956, p. 20-24.)

penseurs de la contre-culture qui l'ont redécouvert dans les années 1950 et 1960, de Jack Kerouac à Ken Kesey, détestaient tout autant les conventions de pensée et de vie imposées par un enseignement formel. Selon le chef Bromden dans *Vol au-dessus d'un nid de coucou* (1962)[15], c'est le « *Cartel national qui est la véritable grande force* ». Ainsi, même si le sentiment de décrochage de Leary n'est pas explicitement lié à l'école, ce lien n'est pas non plus accidentel.

Au cœur de cette notion de décrochage, il y a l'idée qu'en se repliant sur son soi particulier, on se connecte à une conscience plus large, plus globale. C'est justement ce qu'ajoute la contre-culture à ces textes antérieurs, dont la rébellion est plus résignée. Le rejet du Cartel, le rejet de l'autorité conventionnelle, ne vous rendra pas fou comme dans le cas du chef Bromden, ne vous isolera pas comme dans le cas de Harry Haller et ne vous ruinera pas comme dans le cas de McMurphy, le protagoniste de *Vol au-dessus d'un nid de coucou*. Au contraire, ce rejet vous mettra en lien avec d'autres personnes tout aussi désenchantées que vous. En fait, le rejet seul permet de voir le monde sans les angles morts que la pensée conventionnelle et la moralité imposent à notre vision.

Dans le roman publié en 1961 par Robert Heinlein, *En Terre étrangère*, les Martiens appellent cela « *gnoquer* » (*grokking*), un mode de compréhension à la fois individuel et collectif : cela signifie, nous dit-on, « *fusionner, se mélanger, s'unir dans la mixité, perdre son identité dans l'expérience du groupe. Cela signifie presque tout ce que nous entendons*

15. Ken Kesey, *One Flew Over the Cuckoo's Nest*, Signet, 1962, p. 192. (En français : Ken Kesey, *Vol au-dessus d'un nid de coucou*, traduction de Michel Deutsch, révision de Virginie Buhl, Stock, 2013).

par religion, philosophie et science – et », ajoute le roman de Heinlein, « *cela signifie aussi peu pour nous* », c'est-à-dire pour les humains terrestres, « *que la couleur pour un aveugle*[16] ». Gnoquer (*grok*), c'est aussi cela : pour que vous le compreniez, tous les autres doivent n'y rien comprendre. Le mot « *grok* » a rapidement fait son entrée dans le vocabulaire de la contre-culture américaine, apparaissant notamment dans l'œuvre de Ram Dass[17] (dont Steve Jobs a cité *Be Here Now*, publié en 1971, comme source d'inspiration dans sa jeunesse). Tom Wolfe le reprend également, quoique de façon incorrecte, dans *Acid Test* (1968) qui décrit la contre-culture des sixties en s'inspirant de son expérience personnelle. Ce néologisme a par la suite rapidement fait son chemin dans le langage de la culture informatique.

Ces livres présentent des visions très différentes de ce que l'on transcende exactement quand on décroche. Mais il y a peut-être une différence plus manifeste et donc moins remarquée ayant trait au *moment* où se produit cette transcendance. Bien que l'âge de Harry Haller ne soit jamais précisé dans *Le Loup des Steppes*, il est clairement d'âge moyen et a une position bien établie dans la société qu'il rejette. Will Farnaby, qui découvre une société polynésienne utopique dans l'*Île* d'Aldous Huxley (1962), est un cadre moyen désabusé. Et même si Kerouac est la quintessence de l'écrivain pour jeunes,

16. Robert Heinlein, *Stranger in a Strange Land*, Penguin, 2016, p. 242. (En français : Robert Heinlein, *En terre étrangère*, traduction de Frank Straschitz, Le Livre de Poche, 2016).

17. Ram Dass, *Be Here Now*, Lama Foundation, 2010. (Quelle n'a pas été ma déception lorsque j'ai appris que la Fondation Lama est devenue une filiale du puissant groupe Random House Bertelsmann !)

Sal Paradise entreprend un *road trip* dans *Sur la route* (1957) pour se remettre d'un divorce.

Lorsqu'elle s'approprie ces héros, la contre-culture des années 1960 les rajeunit passablement. Soudain, il n'est plus nécessaire de faire l'expérience de la vie professionnelle, de la vie familiale et de la vie adulte pour en être désillusionné. La désillusion précède l'entrée dans le système. Mais dans le domaine de la tech, ce n'est pas vraiment le cas – les évangélistes de ce que Turner appelle la « *contre-culture cybernétique*[18] », comme les artistes et les théoriciens de l'USCO (« Us Company »), ont la trentaine à la fin des années 1960. Leurs idoles, dont Marshall McLuhan et Richard Buckminster Fuller, sont encore plus âgées. Ils ont donc une bonne idée du monde contre lequel ils se rebellent. Tout comme Timothy Leary (46 ans lorsqu'il prend la parole au *Human Be-In*) et Ken Kesey (30 ans lorsqu'il organise le premier Acid Test). Le décrocheur universitaire moyen d'aujourd'hui est pour sa part nettement plus jeune, et sa quête de vision est dès lors très différente. En disant cela, je ne cherche pas à discréditer sa vision ; il me semble cependant que l'idée de la société à laquelle il oppose cette vision n'est probablement pas aussi élaborée.

***

18. Au sujet de la description que fait Turner de la « contre-culture cybernétique », voir : Fred Turner, *From Counterculture to Cyberculture: Stewart Brand, the Whole Earth Network, and the Rise of Digital Utopianism*, Chicago University Press, 2006, p. 42. (En français : Fred Turner, *Aux sources de l'utopie numérique : De la contre-culture à la cyberculture, Stewart Brand, un homme d'influence*, traduction de Laurent Vannini, C&F éditions, 2012, p. 89.)

Stanford voit des jeunes abandonner leurs études avec une certaine régularité. L'ancien président de l'université a même investi dans quelques projets entrepris par des étudiants ayant abandonné leurs études pour les mener à bien[19], ce qui en a fait sourciller plus d'un. On peut voir cela comme une sorte de bourse Thiel à but lucratif. Lorsque des étudiants abandonnent leurs études, on en parle discrètement, comme on commenterait dans un casino une énorme mise à la roulette. Ces jeunes doivent avoir quelque chose de *vraiment* spécial pour parier ainsi sur leur avenir. On en retire l'impression que ce mythe serait en quelque sorte la clé du succès – que sans ce sentiment d'urgence, de prise de risque et de chute libre produit par l'acte même du décrochage, l'idée de la start-up paraîtrait peut-être moins séduisante aux yeux des investisseurs et des journalistes.

Sans vouloir m'étendre sur des cas particuliers, je souhaite préciser que l'impression de prise de risque me semble largement exagérée. Mark Zuckerberg a admis savoir «*que tout irait bien même si Facebook ne marchait pas*». Et si, à Stanford, nous revoyons rarement ces décrocheurs qui s'en vont gagner des millions, d'après mon expérience, les décrocheurs dont les start-up font faillite ou ne connaissent pas la réussite espérée finissent par revenir et obtenir leur diplôme. Ils ne reviennent pas non plus en rampant; il s'agit manifestement d'une voie presque aussi fréquentée que celle qui mène prématurément de Stanford aux incubateurs de Mountain View et de

19. En ce qui concerne le rapport de l'ancien président de Stanford, John Hennessy, à l'investissement dans les entreprises de la Silicon Valley, y compris celles créées par des étudiants, voir : https://www.wsj.com/articles/SB117226912853917727.

Redwood City. Peut-être est-il par conséquent préférable de considérer l'abandon des études comme l'expérience ultime du semestre à l'étranger. Lorsqu'on quitte ainsi l'université, s'agit-il vraiment de *quitter* l'université ?

En dépit de tous les échos des sixties antiautoritaires, la rupture avec le milieu universitaire est loin d'en être un rejet, surtout d'un point de vue social. Zuckerberg a abandonné Harvard et s'est rapidement installé dans ce qui, en fin de compte, avait tout d'une colocation étudiante à Palo Alto. Dans plusieurs grandes maisons victoriennes situées autour d'Alamo Square Park à San Francisco, on trouve des espaces de vie et de travail collectifs, lieux hybrides au croisement de la communauté hippie la plus chic que vous ayez jamais vue et du logement universitaire le plus chic que vous puissiez imaginer. Et ce, bien que leurs habitants appartiennent à la génération de Zuckerberg plutôt qu'à celle en âge de fréquenter l'université.

Les modèles d'affaires de tant de ces start-up, comme celle de Zuckerberg, injectent certains aspects de l'expérience universitaire dans la culture au sens large. « The Facebook » est à l'origine l'équivalent en ligne d'un service que les étudiants connaissaient depuis longtemps et qu'ils utilisaient pour draguer, juger, voire harceler les autres – un véritable trombinoscope, au sens propre du terme anglais *facebook*. Grâce à cette version en ligne, tout le monde peut être de la partie. On reproche souvent à pratiquement 90 % des start-up de la tech de chercher à répondre à la question : « *Qu'est-ce que ma mère ne fait plus pour moi ?* » Mais je reformulerais la question plutôt en ces termes : « *Que vais-je faire maintenant que je n'ai plus accès à un réfectoire, à un service de blanchisserie, à un vivier de rencontres amoureuses ou à un annuaire étudiant ?»* Tinder se présente par exemple comme l'équivalent high-tech d'une fête étudiante. Il semble qu'en tournant le dos à l'université, les décrocheurs font en sorte que le monde extérieur ressemble un peu plus physiquement et psychologiquement aux campus universitaires.

Ce sont des exemples extrêmes, bien sûr, mais ils donnent le ton à l'ensemble du secteur. La tech professionnalise rapidement, mais professionnalise moins. Vous touchez un salaire régulier et vous savez ce que vous faites de votre vie plus rapidement que vos pairs, mais vous vous nourrissez de barres chocolatées et de substituts de repas bien plus longtemps. Vous prenez prématurément votre vie en main tout en subissant une infantilisation rappelant la vie universitaire pendant plus longtemps que la majorité des personnes de votre tranche d'âge. Eric Roberts, qui a enseigné à des générations de futurs employés de la tech à Stanford, observe que certains de ses étudiants les moins enthousiastes ont choisi la tech non par désir d'argent, mais plutôt par désir de rester à proximité du campus : «*Le simple fait de vouloir rester dans le comté de Santa Clara vous pousse à prendre un emploi dans une entreprise technologique*», fait-il remarquer.

Tout cela semble définir la façon dont la tech pratique le décrochage universitaire : c'est une prise de risques en définitive très peu risquée. C'est un acte de rejet apparemment figé sur son objet même.

Aujourd'hui encore, le décrochage est perçu comme le rejet d'une certaine élite. Mais c'est un anti-élitisme qui n'a pour but que de vous faire intégrer le plus rapidement possible une autre élite – l'élite de celles et ceux qui sont suffisamment à l'écoute, qui savent, qui ne se laissent pas abuser par le monde que les ringards sont heureux d'habiter. C'est aussi vrai pour la génération de Leary que pour celle de Zuckerberg. Le décrochage peut donner l'impression de s'ouvrir à un monde plus vaste, mais dans la plupart des cas, ce n'est qu'une nouvelle façon de se couper du monde. Cela produit un certain type de discours – voyez comment Donald Trump a exploité l'anti-élitisme tout en étant convaincu qu'il faut une carte d'identité pour aller acheter une salade.

Cette vision des choses a certainement façonné la relation quelque peu torturée du secteur à l'universalité. Les géants de la tech veulent faire bouger les choses pour « tout le monde ». Mais souvent, « tout le monde » signifie « les gens comme moi ». Lorsque le service de VTC Lyft a présenté son nouveau service Lyft Shuttle, qui aurait remplacé les voitures individuelles par des camionnettes suivant des itinéraires prédéterminés, un internaute a lancé le célèbre tweet : « *C'est un bus. Vous avez inventé un bus*[20]. » Mais ce n'est qu'une partie du problème : Lyft avait inventé un bus pour les seules personnes en possession d'un smartphone, du savoir-faire pour l'utiliser et de la carte de crédit pour configurer l'application. Vous avez beau abandonner l'université et votre chambre d'étudiant, il semble que la vie universitaire continuera à influencer vos projets.

Enfin, cet anti-élitisme élitiste a également façonné des pratiques professionnelles. Sur ce point, un autre penseur paraît occuper une place centrale, un penseur qui, pour tout dire, aurait inspiré la phrase de Timothy Leary sur le

20. « *That's a bus. You invented a bus.* » https://twitter.com/joshbutler/status/847189801967132672.

décrochage. Marshall McLuhan – une source d'inspiration aussi improbable soit-elle – était un professeur de littérature de Toronto qui mêlait des réflexions sur l'*Iliade* à des diatribes sur les bandes dessinées des journaux du dimanche.

2.

Contenu

Le film *Annie Hall* comporte une scène où les personnages interprétés par Woody Allen et Diane Keaton font la queue à l'entrée d'un cinéma. Derrière eux, un universitaire grisonnant pérore sur Fellini, Bergman et Marshall McLuhan, ce qui a le don d'exaspérer le personnage d'Allen. Celui-ci se tourne alors vers le quatrième mur et fait part de son opinion au public. L'universitaire s'en aperçoit et riposte : enseignant à Columbia, il est convaincu que ses idées sur les travaux de McLuhan « *sont plus que pertinentes* ».

Au moment même où l'on pense que la scène ne peut pas devenir plus absurde, Allen va chercher derrière un panneau le vrai Marshall McLuhan, qui déclare à l'universitaire : « *Vous ne comprenez rien à mon travail.* » Et qui poursuit avec une réplique des plus déconcertantes : « *Vous voulez dire que tout mon raisonnement fallacieux est faux !* »

La scène résume assez bien la théorie de McLuhan, célèbre pour sa formule : « *Le message, c'est le médium* ». Ce qu'il entend par là, c'est que la façon dont les stations de radio, les chaînes de télévision ou les téléphones s'adressent à nous est plus importante que ce qu'ils disent quand ils s'adressent à nous. Dans le cas évoqué ici, Allen fait allusion au caractère interactif du média qu'est le film : nous sommes des témoins visuels directs et non une communauté éloignée à laquelle s'adresserait par exemple une émission de radio. Avant de faire appel à McLuhan, le personnage d'Allen nous a déjà fait comprendre ce qu'il pense, à savoir que le type derrière lui est pénible, en brisant le quatrième mur.

Cette scène d'*Annie Hall* montre à quel point les idées de McLuhan étaient connues dans les années 1960 et 1970. Bien entendu, à moins d'être un cinéaste oscarisé, vous ne pouviez pas faire sortir le véritable McLuhan de votre chapeau. Mais vous pouviez sans problème invoquer ses idées avec presque autant de facilité (apparente). On peut affirmer sans se tromper qu'aujourd'hui les profanes connaissent moins bien les idées de McLuhan qu'à l'époque, et on peut également affirmer sans se tromper que beaucoup de celles et ceux qui régurgitaient ses théories, comme le professeur dans *Annie Hall*, ne les comprenaient pas vraiment. La réplique prononcée par le véritable McLuhan dans la scène du film nous donnera probablement le sentiment que nous ne le comprenons pas non plus.

Cela signifie-t-il pour autant que tout son raisonnement fallacieux est faux ? En un sens, non, puisque ses théories sont peut-être mieux démontrées par l'idée de faire appel à McLuhan en personne que par la véritable compréhension de sa pensée. C'est sans doute aussi la raison pour laquelle Woody Allen conserve la réplique énigmatique de McLuhan dans la version définitive du scénario et au montage. Après tout, l'intérêt de la scène réside dans la capacité d'Allen à sortir le véritable McLuhan de derrière le panneau et à lui faire régler un différend en direct – et non dans les paroles mêmes de McLuhan, qui n'apportent en réalité aucune solution au différend. C'est une observation que l'on pouvait déjà faire dans les années 1960 : invoquer McLuhan était un moyen de montrer que vous étiez branché, à l'écoute, que vous captiez, ou toute autre métaphore médiatique témoignant que vous saisissiez ce qui se passait. Vous aviez pigé le truc et votre incapacité à dire précisément ce qu'était le *truc* avait moins de poids que votre *compréhension* du truc.

***

Le média peut être considéré comme le message en grande partie parce qu'il nous demande de faire certaines choses, parce qu'il nous demande de réagir d'une certaine façon. Les êtres humains font société parce que l'on s'adresse à eux en tant que membres d'un lectorat, d'une audience, d'un public. De façon délibérée, le média «*façonne et contrôle la forme et l'étendue des relations entre les humains*». McLuhan pensait qu'à l'époque dans laquelle nous vivons aujourd'hui, les médias électroniques allaient finir par créer «*un petit monde de tambours tribaux, de totale interdépendance et de coexistence superposée*», une idée qui ne semblait pas lui faire peur.

Bien d'autres intellectuels des sixties ont remarqué que la télévision ne s'adresse pas à son public de la même manière que le font, par exemple, le cinéma ou la radio. La théorie de McLuhan se distingue par le fait qu'il ne se donne pas la peine de savoir si c'est une bonne ou une mauvaise chose. Les médias évoluent en permanence et nous évoluons avec eux. Malgré la tentation naturelle de penser que certaines formes de médias font de nous de *plus mauvais* lecteurs, auditeurs ou spectateurs, il ne fait pas de doute que ce type de jugement de valeur gêne notre capacité à véritablement comprendre ce que font les médias. En tant que professeur de littérature, j'interagis avec beaucoup de personnes qui tentent de m'expliquer les raisons pour lesquelles la lecture sur Kindle, par exemple, est intrinsèquement inférieure à la lecture sur papier. Cette idée contient peut-être une part de vérité. Mais je me suis aperçu que cette opinion, certes répandue, dépend la plupart du temps d'une représentation très caricaturale de ce qui est en jeu quand on lit sur liseuse ou sur papier (et nourrit cette caricature).

Quand on lit *Pour comprendre les médias*, le livre de 1964 qui a fait connaître McLuhan, on saisit mieux pourquoi les gens ont réagi à ses idées dans des termes plus généraux, moins précis. Parce que les détails sont troublants. McLuhan était un homme très instruit et il était déterminé à s'afficher comme tel. Son texte est donc truffé d'allusions, de digressions étranges, d'exemples qui ne semblent pas illustrer ce qu'ils sont supposés illustrer. Tout professeur qui aime plaisanter pendant ses cours trouve les livres de McLuhan pénibles, non pas parce que les plaisanteries de cet auteur sont trop cryptiques, mais parce qu'elles confondent la familiarité et la condescendance avec la nécessité de faire cause commune avec le public. Ses livres oscillent constamment entre des aspects sur lesquels McLuhan a trop d'expertise pour les ramener à l'essentiel et des aspects sur lesquels il n'en sait pas assez pour les comprendre lui-même.

Mais McLuhan maîtrise à la perfection le slogan lapidaire. Même sans comprendre ce que signifie exactement « *l'homme devient, pourrait-on dire, l'organe sexuel de la machine* », il faut reconnaître que c'est une formule assez mémorable. Il crée des expressions comme « *le village global* » ou « *surfer* », dans le sens où nous « surfons » aujourd'hui sur le web. Cette dernière est d'autant plus impressionnante qu'il n'existe alors aucun web sur lequel surfer. Il surfe lui-même sur l'air du temps, ce qui mérite d'être souligné. Après une formation de critique littéraire classique dans les années 1930, il enseigne à l'université de Toronto pendant deux décennies avant de devenir une célébrité. Les livres qui le font connaître en dehors des milieux universitaires paraissent alors que McLuhan a déjà une cinquantaine d'années. Mais il s'intéresse déjà depuis longtemps au passage d'une culture médiatique à l'autre – essentiellement à l'avènement de la culture de l'imprimé, c'est-à-dire à la transition entre culture orale et culture écrite. Au beau milieu des années 1960, c'est en ces termes qu'il se met à réfléchir à sa propre époque… et à la suivante.

Nous pourrions penser que les changements sont déclenchés depuis toujours par les transformations que les êtres humains apportent au monde dans lequel ils vivent. Mais pour McLuhan, l'histoire s'écrit au gré des mutations que les médias opèrent sur les êtres humains. (C'est en fait ce que McLuhan sous-entend par « *l'homme devient, pourrait-on dire, l'organe sexuel de la machine* ».) Les évolutions de la communication changent notre façon de penser, nos rapports aux autres, la façon même dont nous nous concevons.

McLuhan pense aux chrétiens nouvellement alphabétisés qui explorent la Bible imprimée dans leur propre langue et partent en guerre au nom de ce qui s'y trouve écrit. Il pense à la population allemande qui écoute la voix d'Hitler à la radio. Mais il pense aussi au monde sur le point d'être recréé, et d'être créé comme *un monde unifié*, par la télévision et les médias électroniques. « *Tout le monde* », proclame-t-il dans une description qui ne cesse de se vérifier depuis, « *doit vivre dans la proximité maximale créée par notre implication électrique dans la vie d'autrui*[1] ». En même temps, estime McLuhan, « *l'électricité ne centralise pas, elle décentralise* ». Il prédit que, contrairement aux journaux et aux films qui nous rassemblent dans les mêmes rues, les mêmes cinémas et les mêmes places publiques, où nous formons une masse et vivons une expérience commune, les médias électroniques nous feront vivre des expériences similaires, mais en solitaire ou avec la tribu que nous nous sommes choisie.

McLuhan peut faire l'effet d'un visionnaire effrayant quand nous le lisons à l'ère des mèmes et des bulles de filtres. Toutefois, si nous parcourons ses écrits aujourd'hui, les références mentionnées nous paraissent typiques de son époque : Margaret Mead, Carl Jung, Arnold Toynbee... *Pour comprendre les médias* est un ouvrage moderne du milieu du siècle dernier. Pour autant, si McLuhan en est venu à compter dans la Silicon Valley, ce n'est pas parce qu'il cadre parfaitement dans un décor aux fauteuils Eames et aux tapis à poils longs, mais parce que les ouvrages aux citations shakespeariennes de ce professeur de littérature vieillissant trouveront un écho auprès de hipsters de la contre-culture moitié moins vieux.

1. Marshall McLuhan, *Understanding Media*, éd. Terrence Gordon, Gingko Press, 2008, p. 55. (En français : Marshall McLuhan, *Pour comprendre les médias*, traduction de Jean Paré, Points, 2015).

Cette adoption n'a pourtant rien d'intuitif. L'image que l'on se fait généralement de la contre-culture est plutôt technophobe et les médias de masse – en particulier la télévision – sont alors largement décriés comme sources de conformisme et d'abêtissement. Néanmoins, quelque chose dans la pensée de McLuhan et dans son style fait mouche. Penseur libre et éclectique depuis toujours, il écrit des livres qui sont davantage des recueils d'essais et de réflexions que des monographies classiques. Il y a donc une compatibilité sur la forme. Mais les hippies, ou du moins une partie des hippies apprécient aussi ce qu'il semble dire, tout simplement.

Comme le fait remarquer Fred Turner[2], *Pour comprendre les médias* est une excellente ressource pour les membres de la contre-culture, qui ne se méfient pas tant de la technologie que des institutions et des acteurs étatiques qui la manipulent. McLuhan prêche que les médias sont omniprésents, inéluctables, mais de plus en plus décentralisés dans un « village global ». Les effets des médias en aval sont, à long terme, pratiquement impossibles à contrôler par les autorités. Pour la contre-culture, c'est une excellente nouvelle. L'idée que les médias finiront par transformer la conscience humaine et l'idée même que nous nous faisons de nous-mêmes n'inquiète d'ailleurs pas outre mesure les rebelles des années 1960. Après tout, ils veulent déjà transformer la conscience et la perception de soi, et ils considèrent de plus en plus les échecs

2. Au sujet de la contre-culture, la cyberculture et McLuhan, voir : Fred Turner, *From Counterculture to Cyberculture: Stewart Brand, the Whole Earth Network, and the Rise of Digital Utopianism*, Chicago University Press, 2006, p. 52-55. (En français : Fred Turner, *Aux sources de l'utopie numérique : De la contre-culture à la cyberculture, Stewart Brand, un homme d'influence*, traduction de Laurent Vannini, C&F éditions, 2012, p. 103-108.)

du libéralisme du milieu du XXe siècle comme le signe que toute tentative de transformer la conscience uniquement par le contenu est vouée à l'échec. Vous aurez beau utiliser les journaux pour communiquer à la population des informations de qualité, elle n'en tiendra pas compte. Mais changez la technologie et vous pourriez bien changer la société.

Comme bien des prophètes invisibles de la Silicon Valley, McLuhan devient important dans le monde de la tech parce qu'il fait découvrir à ses lecteurs une structure secrète sous la réalité du quotidien. Et parce qu'il permet de diviser le monde entre les personnes capables de discerner ce qui se passe réellement et celles qui en sont incapables. Son argumentation cryptique et parfois déroutante, avec ses formules peut-être plus élégantes qu'intelligibles, s'est révélée être une force et non une faiblesse. Les réflexions de McLuhan suggèrent que la grande majorité des gens se fourvoient complètement dans l'idée qu'ils se font des médias, voire du monde. Lisez *Pour comprendre les médias* et vous aurez accès à un savoir ésotérique et élitiste.

Qu'y a-t-il donc de si ésotérique dans la théorie des médias de McLuhan ? Celui-ci considère les personnes qui analysent le « contenu » des livres ou des émissions télévisées comme des dupes : le message communiqué est comparable au «*savoureux morceau de bifteck que le cambrioleur offre au chien de garde de l'esprit pour endormir son attention*[3] ». Le véritable objet d'étude est le média lui-même. Mais en

3. Le «*savoureux morceau de bifteck que le cambrioleur offre au chien de garde de l'esprit pour distraire son attention*» : Marshall McLuhan, *Understanding Media*, éd. Terrence Gordon, Gingko Press, 2008, p. 31. (En français : Marshall McLuhan, *Pour comprendre les médias*, traduction de Jean Paré, Points, 2015, p. 34.)

conséquence de l'ajustement de notre compréhension des médias – particulièrement nécessaire à sa façon – une nouvelle hiérarchie étrange s'est immiscée dans le discours technologique. Il est impressionnant de voir à quel point la description que McLuhan fait des médias est exempte de jugement de valeur. Il est étrange de constater à quel point le ton avec lequel il pose l'abandon du contenu est moralisateur. Le média est pour ceux qui le comprennent. Le contenu est pour les idiots, les naïfs, les moutons.

McLuhan qualifie ainsi de « *somnambulisme* » l'hypothèse pragmatique selon laquelle la technologie « *en tant que telle* » n'est ni bonne ni mauvaise, et qu'elle ne devient bonne ou mauvaise qu'en fonction de la manière dont elle est utilisée. Et c'est avec perspicacité qu'il se moque des personnes prétendant « *ne pas prêter attention aux publicités* ». Peut-être est-ce en partie le discours d'un professeur de littérature qui s'efforce de se défaire d'habitudes professionnelles bien ancrées. Peut-être cela tient-il aussi à un désir de choquer. Mais, quelles que soient ses raisons, McLuhan juge que le contenu n'est pas le simple équivalent de ce que font les médias. Le contenu est une quantité négligeable, une distraction.

Cette désaffection pour le contenu a probablement ouvert la voie aux progrès du secteur de la tech. L'idée que le contenu serait étrangement secondaire, même si les plateformes que la Silicon Valley ne cesse d'inventer en dépendent, est profondément ancrée. Et les termes de ce jugement de valeur ressemblent curieusement à la façon dont McLuhan formule le problème. *Créer* du contenu, c'est être distrait. *Créer* la « plateforme », c'est se concentrer sur la véritable structure de la réalité. Il vaut mieux façonner les médias que le contenu de ces médias. C'est le créateur de la « plateforme » qui devient milliardaire. L'auteur du contenu – qu'il s'agisse d'avis sur Yelp, de livres autoédités sur Amazon, de votre propre voiture ou de vos disponibilités sur Uber – est un béotien distrait par un objet brillant, mais inutile.

***

La célébration des médias par McLuhan, d'une importance culturelle majeure, succède à des décennies de pessimisme absolu dans ses écrits. À ses débuts, McLuhan se montre extrêmement méfiant à l'égard de la vie moderne et rejette les médias de masse. Lorsqu'il se réinvente en prophète des nouveaux médias, il n'abandonne pas pour autant sa tendance au pessimisme : il avait bien saisi le malaise dans lequel était embourbée la culture d'après-guerre, un malaise qui ne serait plus qu'un mauvais souvenir grâce aux nouveaux médias. C'est cette conviction qui fait sa pertinence dans la Silicon Valley. Ses classiques des années 1960 décrivent l'avènement des nouveaux médias dans des termes aussi apocalyptiques qu'enthousiastes. Et pourquoi pas ? Il continue à détester l'homogénéité colportée par la publicité, les bandes dessinées et les films hollywoodiens, mais il a désormais l'espoir que l'évolution du paysage médiatique finira par détruire tout cela : la modernité est terrible, mais le nouveau monde tribal qui viendra ensuite sera nettement meilleur.

Cette façon de penser a séduit la contre-culture. Elle a également permis à McLuhan de conserver l'estime de la tech alors même que celle-ci s'éloignait de plus en plus de ses origines contre-culturelles. Après tout, ce secteur présente lui aussi un étrange pessimisme optimiste. Évidemment, lorsque les entreprises technologiques font leurs grandes annonces, elles présentent toutes un avenir radieux. Mais quand on y regarde de plus près, le secteur n'a pas une si bonne opinion de la façon dont les choses évoluent. Comme les créateurs de publireportages, les entreprises technologiques ont le don de voir des problèmes partout. L'ancienne façon de faire X est gangrenée par les problèmes, et le produit Y peut enfin tous les résoudre. Là où les nostalgiques conservateurs ont une piètre opinion du présent et lui préfèrent un passé radicalement différent, l'industrie technologique estime que le présent est insuffisant par rapport à l'avenir incroyablement souriant qui se profile à l'horizon. Du pur McLuhan.

Plus le monde de la tech a cherché à déstabiliser le savoir établi et institutionnel, plus McLuhan a fourni aux capitaines du secteur une justification, expliquant en quoi les forces établies étaient avilies et ne méritaient pas d'être sauvées. McLuhan leur a servi un récit d'inévitabilité historique, un déterminisme technologique qu'ils pouvaient désormais invoquer pour se dédouaner des conséquences de leurs inventions : en quoi pourraient-ils être responsables d'événements voués à se produire ? Qu'il s'agisse de mettre par écrit ce qui avait été transmis oralement de génération en génération, ou de diffuser des documents imprimés pour atteindre, créer et maintenir un large public, on a le sentiment qu'une fois le génie sorti de sa bouteille, il ne sert à rien de souhaiter qu'il y retourne.

Si, sur le plan médiatique, ce genre de progrès inévitable est plausible, voire séduisant, un nombre inquiétant des exemples avancés par McLuhan concerne des modifications du cycle économique, impliquant la mise au chômage d'un groupe ou d'un autre sous l'effet de l'évolution technologique. Cela ne semble absolument pas préoccuper McLuhan et, à dire vrai, pourquoi s'en préoccuperait-il ? Il s'intéresse aux médias et non à l'économie. Mais on ne peut s'empêcher de penser que le regard favorable de McLuhan sur les changements apocalyptiques provoqués par la transformation des médias a inspiré la nonchalance avec laquelle les entreprises technologiques actuelles détruisent des sources de revenus et des professions entières au nom de l'innovation. Pour nous, lecteurs modernes, l'idée que la culture orale ou l'enluminure de manuscrits ont peut-être mérité de disparaître semble aller de soi. Le problème avec un grand nombre des exemples proposés par McLuhan, c'est qu'ils transposent ce caractère d'inévitabilité à des secteurs et à des activités où il est beaucoup plus difficile de distinguer le progrès de l'obsolescence, une avancée nécessaire d'une tentative cynique de se remplir les poches. En d'autres termes, la facilité même du récit devient un problème.

Le secteur de la tech a en conséquence développé une certaine insensibilité à l'égard des communautés que ses produits font apparaître. Cela ne veut pas dire qu'il est surprenant qu'une entreprise se débarrasse de sa base d'utilisateurs dès qu'elle n'est plus rentable, mais il est remarquable de constater à quel point les choses qui se passent sur les plateformes semblent totalement dépourvues d'importance pour les plateformes mêmes, ainsi qu'aux yeux des personnes qui occupent le haut de la hiérarchie dans ces entreprises et des médias qui s'intéressent à elles. C'est ainsi que Tumblr a pu choisir de bannir les contenus pornographiques[4], quand bien même la plateforme semblait héberger principalement de la pornographie. Cette décision ne nuit probablement pas aux résultats de l'entreprise, mais elle nuit aux personnes qui ont fait de Tumblr ce qu'elle est : les photographes, les peintres, les auteurs de fiction *slash*, les dessinateurs pornographiques et les travailleurs du sexe, qui ont utilisé la plateforme pour se connecter en toute sécurité à un public. Le mépris de la plateforme pour son propre contenu pénalise ces créateurs à plus d'un titre : à l'époque où Tumblr faisait encore office de refuge pour eux, ils étaient loin de gagner autant d'argent sur leurs créations que les personnes qui avaient créé le site sur lequel ils s'exprimaient. Et lorsqu'il est devenu politiquement difficile pour Tumblr de maintenir ce rôle de refuge, ils ont tout simplement été relégués au second plan, perdant leur source de revenus, voire le fruit même de leur travail.

Dessinatrices, travailleuses du sexe, mamans blogueuses, chroniqueuses littéraires : la division du travail comporte une dimension sexospécifique assez évidente. Les programmeurs de Yelp sont majoritairement des hommes. Les personnes qui rédigent les commentaires sont majoritairement des femmes – et, du moins dans les premières années de l'entreprise, c'était d'autant plus vrai à mesure que l'on se concentrait sur « l'élite » la plus active. Les premières récompenses accordées à cette élite – des séances dans des spas ou des soins esthétiques – suggèrent que l'entreprise était bien consciente de cette

4. Au sujet de la mort des écosystèmes de Tumblr, voir par exemple cet article du *Washington Post* : https://www.washingtonpost.com/business/2018/12/04/tumblrs-nudity-crackdown-means-pornography-will-be-harder-find-its-platform-than-nazi-propaganda/.

dimension et comptait dessus. Les hommes construisent les structures ; les femmes les remplissent. Sans les utilisateurs et utilisatrices qui fournissent le contenu, un portail d'évaluation comme Yelp serait une coquille creuse. Pourtant, ces internautes ne reçoivent pas de rémunération, et reçoivent pour toute récompense des stickers et des avantages : leur travail « gamifié » rapporte uniquement un certain rang parmi les utilisateurs ou des livres en avant-première. Le problème n'est pas tant que la production de contenus est ignorée ou non indemnisée, mais plutôt qu'elle n'est pas reconnue comme du travail. Elle est saluée comme essentielle, applaudie comme une forme d'engagement civique. Mais rémunérée… non.

L'entreprise, la technologie, la marque se concentrent sur la plateforme. Le contenu, lui, est accessoire – en dépit du fait que peu de gens visitent une plateforme pour autre chose que son contenu. Cette position transparaît dans les efforts particulièrement utopiques que déploient certains utilisateurs de plateformes en ligne pour se faire reconnaître comme employés : avec l'affaire *Tasini et al. contre AOL, Inc. et al.*, un blogueur actif sur la plateforme du *Huffington Post*, aujourd'hui disparue, espérait obtenir un salaire rétroactif[5]. Dans un recours collectif intenté en 2013 devant le tribunal du district central de Californie (*Panzer contre Yelp*[6]), plusieurs membres de la Yelp Elite Squad ont fait valoir que leurs activités correspondaient davantage à la mission d'un personnel employé

5. Le dossier de *Tasini et al. contre AOL, Inc. et al.* peut être consulté ici : https://law.justia.com/cases/federal/district-courts/new-york/nysdce/1:2011cv02472/377767/33/.

6. Le dossier de *Panzer contre Yelp* peut être consulté dans les archives de l'École de droit de l'université de Santa Clara : https://digitalcommons.law.scu.edu/cgi/viewcontent.cgi?article=1544&context=historical.

qu'au comportement d'une clientèle. Toutes ces plaintes ont finalement été déboutées, sous les railleries de la presse spécialisée, qui les a qualifiées de « frivoles » et de « risibles ».

D'un point de vue juridique, ces verdicts ne sont pas vraiment surprenants. Mais une chercheuse de Stanford, Annika Butler-Wall[7], a analysé les discours autour de ces affaires et a montré que les articles sur le sujet en disent long sur ce qui compte comme du « vrai » travail dans la tech. Certes, ces personnes n'étaient de toute évidence pas employées au sens traditionnel du terme, mais la couverture de ces procès allait plus loin, suggérant que leurs activités n'étaient en réalité pas vraiment du travail, une assertion autrement plus troublante. Or, la frontière entre ce qui est ou n'est pas du travail est le fruit, aux États-Unis, d'une longue et terrible histoire.

Quiconque a déjà été encouragé à écrire gratuitement pour « accroître sa visibilité » ne manquera pas de reconnaître que ce discours se situe sur le même spectre. Et quiconque a déjà réfléchi aux sortes de travail généralement non rémunérées dans notre société – aux premiers rangs desquels le travail affectif, le service et le *care* – ne manquera pas de reconnaître que Yelp et AOL travaillent très dur pour forcer leurs autrices et auteurs à rentrer dans ce cadre. Qui sait quelle douce disposition encourage ces bonnes âmes à écrire, quelle fantaisie les pousse à évaluer des restaurants gratuitement ? Ce n'est pas leur travail, c'est un hobby, une activité qui leur fait passer le temps. Ce sont des bénévoles « enthousiastes », « solidaires », qui veulent aider les autres. En d'autres termes, ces excuses sont des scripts développés autour du travail domestique et

7. Le projet de thèse d'Annika Butler-Wall s'intitule *Gender and Labor in the Digital Age*.

plus particulièrement féminin. Qui défendent l'idée qu'être mère n'est pas un « vrai » travail. Qui expliquent pourquoi les femmes ne méritent pas d'être embauchées, ou promues, ou payées, ou payées à salaire égal. Les personnes actives sur Yelp (encore une fois, majoritairement des femmes) évaluent généralement des prestataires de services (un secteur de l'économie dominé par les femmes) pour une base d'utilisateurs probablement à moitié féminine – mais c'est à des hommes que tout ce processus rapporte de l'argent[8].

Des raisons économiques expliquent le fait que très peu de sites payent leurs contenus, bien sûr. Lorsque vous présentez votre start-up à un fonds de capital-risque comme la prochaine « licorne », il est préférable d'avoir un petit groupe de programmeurs intelligents à rémunérer plutôt qu'un million de larbins qui pourraient obtenir, ou ne serait-ce même que demander légitimement, une part du gâteau. Mais il ne s'agit pas seulement des aléas liés au financement. La Silicon Valley semble croire sincèrement à la primauté de la plateforme. Les utilisateurs ont un rôle à jouer, mais ce rôle consiste uniquement à se laisser séduire par une plateforme plutôt qu'une autre.

Cependant, même lorsque vous avez la chance de recevoir un salaire d'une entreprise technologique, l'obsession pour la plateforme a une incidence sur votre statut de « travailleur de la tech ». Dans la région de la baie de San Francisco, on aime à dénoncer tous les riches employés de Facebook et

---

8. Les informations sur la politique du genre de Yelp (c'est-à-dire de l'entreprise même, et non de la plateforme) ne proviennent pas de Butler-Wall, mais d'une courte interview que j'ai réalisée avec une personne anciennement employée par l'entreprise.

de Google qui font grimper les loyers et le prix des toasts. Mais Facebook et Google emploient des milliers de personnes dans leurs cafétérias, leurs équipes d'entretien, leurs services de sécurité, leurs structures administratives et, dans le cas de Facebook, même des voituriers. Ils emploient une main-d'œuvre occasionnelle, des sous-traitants et ce que l'on appelle des « badges verts » (la couleur varie d'une entreprise à l'autre), c'est-à-dire des personnes qui travaillent dans l'entreprise et sur le produit, mais qui sont subtilement privées de bon nombre des avantages dont jouissent les employés détenteurs de badges classiques.

Les reproches faits à la tech ne tiennent pas compte du très grand nombre de personnes qui gagnent leur vie, même de façon indirecte, dans ce secteur. Pourquoi ? Parce que ces personnes ne travaillent pas directement sur la plateforme. Parce qu'elles ne définissent pas les paramètres selon lesquels les utilisateurs créent, partagent ou commercialisent leurs produits. Ce n'est pourtant pas courant comme façon de penser : quand on décrit la taille de l'industrie automobile ou d'une banque, par exemple, les personnes qui servent la nourriture à la cantine sont bien incluses dans les effectifs de l'entreprise qui fabrique le caoutchouc destiné à l'isolation du Chevrolet Tahoe. Être « travailleur de la tech » est en quelque sorte plus exclusif. Parce que la plateforme et le travail sur celle-ci sont plus centraux, plus réels, que les relations avec la clientèle ou la modération du contenu, ou que le simple fait d'assurer le bien-être du personnel.

***

Vers la fin de l'année 2018, un nouveau panneau d'affichage est apparu le long de l'autoroute 80 dans le centre-ville de San Francisco. Installé par une société appelée Snowflake[9] (selon sa bio Twitter, la société offre « un entrepôt de données construit pour le cloud » ; je n'ai aucune idée de ce que cela signifie et aucune intention de le découvrir), il exhortait les passants à devenir le *boss* de l'année 2019. Le slogan ? « Attrapez 2019 par les données ». La référence semblait claire : la fameuse remarque de Donald Trump où il explique « *les attraper par la chatte* » (« *Grab 'em by the pussy* ») dans l'enregistrement d'*Access Hollywood*. Les internautes ont longuement débattu de la banalisation des agressions sexuelles à travers ce slogan, mais le plus grand dérapage freudien commis par la blague maladroite du panneau d'affichage est resté largement ignoré : les équations étranges et pernicieuses sur lesquelles repose une telle blague. La phrase sous-entend que la gestion d'une entreprise équivaudrait à de la prédation sexuelle. Elle suggère aussi que les données – qui, bien que résistantes et incontrôlables, finissent toujours par se montrer dociles – sont une ressource féminine qu'une force masculine doit attraper et faire céder.

S'emparer des données, en disposer, s'en faire le *boss*... Les attaques régulières que subissent les données et qui sont largement médiatisées pourraient bien être la conséquence de

9. La personne qui a vérifié mes informations et moi-même avons tenté de prendre contact avec Snowflake à plusieurs reprises afin de comprendre le but de sa publicité. Nous n'avons jamais eu de retour, mais en septembre 2020, la même entreprise a encore fait parler d'elle avec sa nouvelle campagne, en projetant son logo sur l'hôtel de ville de San Francisco à l'occasion de son introduction en bourse : https://sfist.com/2020/09/18/a-company-called-snowflake-projected-its-name-on-city-hall-and-the-city-is-now-mad/.

cette façon de penser. Nos données sur l'internet ou dans le cloud, ne font pas vraiment l'objet d'une éthique du *care*. Les entreprises accumulent des données puis les abandonnent, agissant comme si elles n'avaient aucune responsabilité à leur égard… jusqu'au moment où un pirate informatique malveillant menace ces données. Ce qui, en d'autres termes, n'est pas très différent de l'image fortement genrée sur laquelle s'appuie Snowflake. Ces entreprises ne ressentent ni devoir d'intendance ni sentiment de responsabilité envers les données qu'elles ont « attrapées », et les plateformes restent suffisamment à distance des choses humaines que les internautes font en se connectant et en générant des données, de façon volontaire ou non.

En délaissant le contenu, elles limitent leur responsabilité. Légalement et moralement, le contenu est risqué. La plateforme, elle, ne l'est pas. Il est bien connu que la tech est très peu exposée sur le plan juridique par rapport à ce qu'elle met en ligne – pardon, à ce qu'elle laisse les autres mettre en ligne. La section 230 du *Communications Decency Act* de 1996[10] stipule qu'« *aucun fournisseur ou utilisateur d'un service informatique interactif ne doit être traité comme l'éditeur ou l'énonciateur d'une information fournie par un autre fournisseur de contenu informatif* ». Autrement dit : une plateforme n'est pas un éditeur. Ce dernier est garant de son contenu d'un point de vue éditorial ; la première l'est à un degré bien moindre.

WordPress n'a pas la même responsabilité sur votre blog que le *Washington Post* sur votre éditorial malencontreux.

10. Pour une étude approfondie et récente de la section 230 du *Communications Decency Act*, voir : Jeff Kosseff, *The Twenty-Six Words that Created the Internet*, Cornell University Press, 2019.

En se tenant à bonne distance du contenu, les plateformes peuvent revendiquer une neutralité qu'elles possèdent certes juridiquement, mais pas dans la pratique : allez sur YouTube en mode privé et voyez ce que l'algorithme vous recommande – des vidéos de suprémacistes blancs, des vidéos conspirationnistes affirmant que la Terre est plate, des délires sur le fait que le réchauffement climatique serait un canular. Pourtant, YouTube a convaincu non seulement les pouvoirs législatif et juridique, mais aussi ses propres utilisateurs, qu'il a d'une certaine façon moins de contrôle sur ses vidéos que n'en ont les sociétés de médias traditionnelles sur leurs contenus.

Étrangement, la Silicon Valley semble avoir ainsi parfaitement tiré les leçons qui lui convenaient de McLuhan. McLuhan ouvre *Pour comprendre les médias* en disant que le médium est aussi *socialement* le message, ce qui signifie que les médias reproduisent la façon dont les classes et les groupes sociaux interagissent, et qu'ils portent donc une énorme responsabilité dans notre discours, notre politique, notre bien commun. D'un côté, la Silicon Valley a intériorisé cette idée : le moyen par lequel l'information est transmise joue davantage sur l'idée que nous nous faisons de nous-mêmes, sur notre identité même, que l'information à proprement parler. Mais, d'un autre côté, la Silicon Valley s'est fermée à l'énorme responsabilité que McLuhan impute aux médias. En 2019, Jack Dorsey, alors PDG de Twitter, explique dans une interview à *Rolling Stone*[11] que la véritable raison pour laquelle les trolls nazis pullulent sur sa plateforme réside dans le fait que

11. L'interview de Jack Dorsey dans *Rolling Stone* est parue en janvier 2019 et archivée ici : https://www.rollingstone.com/culture/culture-features/twitter-ceo-jack-dorsey-rolling-stone-interview-782298/.

les utilisateurs – sa clientèle – manquent à leurs devoirs. « *Ils voient des choses* », se plaint-il, « *mais il est plus facile de tweeter "virez les nazis" que de les signaler.* »

Twitter n'a pas hésité à s'attribuer la responsabilité de la place Tahrir, semble-t-il, mais quelqu'un d'autre est responsable des nazis. Les supports promotionnels que les entreprises affichent revendiquent le potentiel révolutionnaire de leurs plateformes, mais les géants de la tech sont généralement bien contents d'éviter la prison au motif qu'ils ne sont pas responsables du contenu de ces mêmes plateformes. En fin de compte, la Silicon Valley a tendance à vouloir être révolutionnaire sans révolutionner quoi que ce soit.

3.

Génie

La philosophie d'Ayn Rand s'accorde depuis longtemps avec une certaine forme d'adolescence. Pas l'adolescence en tant que telle, non. Mais après 80 ans de présence dans la conscience américaine, cette affinité entre les idées de Rand et une jeunesse opiniâtre demeure une sorte de constante. En 1962, Robert White[1], un professeur d'anglais du Kentucky, qualifiait l'autrice de « *hipster de droite* ». Même si les acolytes de Rand ne ressemblaient en rien aux rebelles à cheveux longs des campus universitaires, les analystes sentaient que les deux groupes avaient des points communs. Aujourd'hui encore, une majorité de mes étudiants les plus curieux sur le plan philosophique admettront avoir été brièvement obsédés par Rand au milieu de leur adolescence. Inversement, beaucoup de celles et ceux qui ne s'en désintéressent jamais présentent une énergie immature d'autodidacte à l'âge adulte.

1. L'essai de White est cité dans Mimi Reisel Gladstein (éd.), *The Ayn Rand Companion*, Greenwood Press, 1984, p. 93.

Cela tient notamment à sa philosophie en tant que telle. L'objectivisme de Rand repose sur le principe d'un « *intérêt personnel éclairé* » – voire d'une forme d'égoïsme – qui se méfie profondément de toute influence extérieure, que cette influence prenne la forme du pouvoir ou du jugement d'autrui. Les protagonistes de ses romans sont des jeunes s'élevant contre les structures traditionnelles qui, à leurs yeux, ont perdu leur utilité ; ses méchants sont généralement l'incarnation de cette tradition et possèdent cette forme d'autorité qui ne provient pratiquement que de l'âge et de l'expérience. Ses romans n'aiment pas la nuance : les personnages, les institutions, les actions se situent de part et d'autre d'une ligne de fracture très marquée, avec d'un côté les esprits créateurs, de l'autre les parasites. Grâce à la magie rhétorique de ses livres, son lectorat est toujours amené à prendre parti pour les premiers, mais ce n'est pas tout : par une sorte de lecture participative, il est automatiquement amené à *faire partie* de ce groupe.

Il est souvent suggéré que les romans de Rand sont plus intéressants sur le plan philosophique que sur le plan littéraire ; que les intrigues ne sont que des tentatives relativement éculées par lesquelles Rand amène ses porte-parole à s'étendre, page après page, sur les vertus de l'égoïsme. Ce point de vue a tendance à faire oublier que ses livres ne peuvent réellement fonctionner que sous cette forme romanesque. Ce ne sont pas des manifestes qui se travestissent à grand-peine en romans mal ficelés ; ce sont des manifestes qui ne peuvent fonctionner qu'en étant travestis en romans. Une compréhension vaguement romanesque du monde est centrale dans la philosophie de Rand. Elle emploie la narration pour dérouler le fil de sa pensée, de même que la Silicon Valley emploie Rand pour tisser sa propre histoire.

Ayn Rand présente un monde où l'autonomie est facile et pure. Mais son œuvre repose sur une idée de l'autonomie qui ne résiste pas vraiment à un examen minutieux dès que vous devez réellement faire preuve d'autonomie. Elle est absolutiste sur des aspects qui sont de toute évidence socialement conditionnés, ce qui peut conférer au monde qu'elle décrit une sorte d'atmosphère taxidermiste. Elle célèbre l'entreprise capitaliste tout en ignorant les cadres communautaires et moraux que cette entreprise présuppose pour pouvoir fonctionner. Sa fiction s'intéresse presque exclusivement au monde du travail adulte – cabinets d'architecture, conseils d'entreprises – mais elle semble avoir une vision purement esthétique de ce qu'est vraiment le travail. Dans de nombreux passages de *La Grève* (1957) et de *La Source vive* (1943), la version extravagante de la société capitaliste qui s'y dessine prend un relief tout à la fois magnifique et bizarre. Il suffit d'évoquer cet épisode où le tout-puissant critique en architecture (oui, vous avez bien lu) Ellsworth Toohey, marxiste allié à des capitalistes monopolistes et vénéré par la population, projette de s'emparer du journal de Gail Wynand, le *Banner*, grâce au poids que lui confère la rubrique qu'il écrit dans ce journal (non, je n'invente rien). Toutes les pièces sont bien là, mais assemblées d'une façon déconcertante, comme si nous avions sous les yeux un système économique imaginé par Borges.

Il n'est pas incongru que les écrits de Rand séduisent des personnes poussées par leurs parents vers certains métiers, qui s'imaginent indépendantes, mais doivent encore se faire conduire à l'école. Cependant, le fait que la philosophie d'Ayn Rand parle tant aux adolescents ne devrait pas faire oublier que cette alliance est rendue possible par un marketing astucieux. Ayn Rand attire les jeunes parce que les jeunes sont ciblés par les campagnes de promotion de son œuvre. Depuis les années 1980, l'institut Ayn Rand situé à Irvine en Californie organise des concours d'essais sur Ayn Rand pour les élèves du secondaire – les éditions les plus récentes incluent également des catégories pour étudiants. Si leur professeur le décide, les élèves américains peuvent participer au concours. Pour cela, il leur faudra répondre à une question sur un des livres de Rand en 600 à 1 600 mots, avec à la clé un prix de 25 000 dollars (lorsqu'on arrive premier dans la catégorie de *La Grève* ; étonnamment, *Anthem [Hymne]* ne rapporte que 2 000 dollars). Il est intéressant de constater que les élèves à spécialisation technologique connaissent moins de réussite dans cette compétition. Peut-être la tech traite-t-elle Ayn Rand comme elle traite l'université : on y grappille quelques idées avant de poursuivre son chemin.

Comme bien d'autres philosophies examinées dans le présent ouvrage, les idées de Rand semblent circonscrites à une certaine époque et un certain lieu. Pourtant, elles ont été préservées dans quelques milieux de la société américaine. Contrairement aux idées de McLuhan, du théoricien de l'information Claude Shannon ou de l'économiste Joseph Schumpeter, les gens se souviennent encore très bien d'où proviennent ces idées. En réalité, jusqu'à ce que le Parti républicain abandonne le randianisme pour le nationalisme blanc en 2016, les idées de Rand ont sans doute rencontré plus de succès au XXIe siècle qu'au XXe siècle. Il n'en reste pas moins utile de retracer leurs origines[2].

Rand arrive aux États-Unis au milieu des années 1920, après avoir fini ses études dans l'Union soviétique. Elle atterrit à Hollywood, où elle occupe différents emplois dans les studios et se met à écrire des scénarios. Ainsi, dès le départ, son conservatisme est celui d'une étrangère et d'une artiste. La grande méfiance de Rand à l'égard de celles et ceux que Howard Roark appelle dans *La Source vive* des «*secondes mains*» – ces personnes qui progressent en s'appuyant sur les idées et les privilèges que leur confèrent d'autres personnes – reflète sa jalousie à l'égard d'un ordre établi supposé, mais aussi le fait que cette jalousie ne porte pas tant sur des biens matériels que sur des aspects esthétiques comme le goût, le prestige, la reconnaissance. Le premier roman écrit par Rand, mais publié à titre posthume, parle d'une actrice. Ses premiers livres publiés, *Nous, les vivants* (1936) et *Anthem (Hymne)* (1938) ont pour sujet le totalitarisme. Aucun n'a jamais vraiment rencontré le succès.

Des livres de l'acabit d'*Anthem [Hymne]* se multiplient dans les années 1940 et 1950. Ces livres se rebellent contre le conformisme de la classe moyenne américaine du milieu du siècle, font écho à l'anticommunisme de ces années-là et combinent ces deux perspectives dans l'intuition que le conformisme serait indissociable du New Deal de Roosevelt. Mais comparé à ce qu'expriment des livres comme *Fahrenheit 451* de Ray Bradbury (1953) et *Révolte sur la Lune* de

2. Pour une meilleure contextualisation, je me suis largement appuyé sur l'excellent ouvrage de ma collègue Jennifer Burns, *Goddess of the Market: Ayn Rand and the American Right*, Oxford University Press, 2009.

Robert Heinlein (1966), l'anarchisme de Rand est pessimiste. Après tout, chez elle, le totalitarisme n'a absolument rien de théorique ; il a déplacé sa famille et interrompu presque prématurément son éducation. Égalité 7-2521, le narrateur d'*Anthem [Hymne]*[3], conclut ses réflexions en se demandant : « *Comment était-il possible, en ces années de transition dépourvues de grâce, il y a fort longtemps, que les hommes ne se soient pas rendu compte où ils allaient et qu'ils aient continué, aveugles et lâches, à suivre leur destinée. Cela m'étonne, car il est difficile pour moi de concevoir que des hommes qui connaissaient le mot "je" aient pu l'abandonner et ne pas savoir ce qu'ils perdaient.* »

Rand mêle la peur du collectivisme à une sorte de conservatisme désespéré qu'on retrouve fréquemment dans les « années sauvages », la période 1932-1968 pendant laquelle les conservateurs américains étaient marginalisés par le courant dominant aux États-Unis. Durant ces années, le conservatisme ne consiste pas tant en un ensemble d'idées qu'en « *des réactions mentales irascibles qui prétendent ressembler à des idées* », comme l'écrit le critique Lionel Trilling en 1950. Ces réactions de retrait, de mélancolie, d'isolement, ainsi qu'un profond complexe de persécution envahissent la personnalité fictionnelle et publique de Rand. Des réactions de répulsion et de dégoût, des réactions qui associent moqueries de cour de récréation et grande vulnérabilité.

---

3. « *Comment était-il possible, en ces années de transition dépourvues de grâce…* » : Ayn Rand, *Anthem*. Je n'ai pas pu m'empêcher d'utiliser la version gratuite proposée par le projet Gutenberg, dont je suis adepte : https://www.gutenberg.org/files/1250/1250-h/1250-h.htm. (En français : Ayn Rand, *Anthem (Hymne)*, traduction de Jacqueline Balestier & Philippe Chamy, Éditions Rive Droite, 2006).

***

Le jeunisme de la Silicon Valley a permis à la philosophie de Rand de se disséminer dans un environnement qui, à première vue, aurait pu paraître politiquement antagonique. À chaque fois que Rand refait surface dans la Silicon Valley, ce n'est pas tant sous la forme d'une idée, mais dans ces « *réactions mentales irascibles qui prétendent ressembler à des idées* », telles que les décrit Trilling. Ce qui se produit dans des lieux inattendus. Il ne fait aucun doute qu'il y a des objectivistes purs et durs dans l'univers de la tech. Prenez par exemple Peter Thiel, qui semble s'être construit sur une combinaison de *La Grève* et du *Silmarillion* ; prenez Sam Altman, rendu célèbre par l'incubateur Y Combinator ; prenez Travis Kalanick, fondateur de Uber, qui a repris la couverture de *La Source vive* comme avatar sur Twitter. Prenez Steve Jobs, influencé par Rand dans sa jeunesse à en croire l'autre cofondateur d'Apple, Steve Wozniak. Mais de plus en plus souvent, les idées de Rand paraissent affublées des attributs de la Californie du Nord. Elles ont la saveur croustillante de la contre-culture, parlent de renforcer l'esprit d'équipe et de rendre le monde meilleur.

Ainsi, la capacité instinctive d'Elon Musk à résoudre des problèmes répond aux préoccupations d'un milliardaire soucieux de ses responsabilités envers les autres et la planète. Mais cette capacité est toujours animée par une sorte d'impatience à l'égard des gouvernements, des spécialistes et de toute grande organisation collective qui s'appuie sur un cumul de compétences pour faire les choses au mieux. Plutôt que de laisser des spécialistes de plongée souterraine définir une stratégie fondée sur leur expérience pour trouver le meilleur moyen de sauver des enfants bloqués dans une grotte en Thaïlande, Musk proposera un robot qui les surpassera et il le fera seul. En d'autres termes, Musk réussit l'exploit apparemment impossible de teinter la compassion de randianisme.

Vous êtes-vous déjà posé la question de savoir quelle philosophie anime les films populaires de Pixar, tels que *Les Indestructibles*, *Ratatouille* ou *WALL·E* ? Pensez au jeune Flèche Parr (le fils des Indestructibles) à qui l'on dit que «*tout le monde est exceptionnel*» et qui grommelle : «*autrement dit, personne ne l'est*». Le film *Les Indestructibles* aborde l'idée que les personnes exceptionnelles ont pour mission d'être exceptionnelles et que leurs inférieurs doivent s'écarter de leur chemin. D'une certaine façon, il y a quelque chose de remarquable dans cette franche affirmation que l'inégalité est naturelle ou méritée, et devrait être affirmée. Les films de Pixar, en particulier ceux dirigés par Brad Bird[4], reproduisent

4. Le randianisme de Pixar fait l'objet de débats intenses en ligne. Le réalisateur Brad Bird (*Ratatouille*, *Les Indestructibles*, *À la poursuite de demain* et *Mission impossible : Protocole Fantôme*) a été fortement associé à ses idées (la critique des *Indestructibles* par A. O. Scott défend très clairement ce point de vue), bien que d'autres s'y soient opposés – par exemple Emily VanDer Werff dans *Vox* : https://www.vox.com/culture/2018/6/27/17504376/brad-bird-incredibles-objectivist-ayn-rand. Curieusement, les commentaires en ligne semblent considérer que les éléments randiens relevés dans les films de Bird sont de l'ordre de la critique, et non de simples idées qui, dans le domaine du divertissement pour enfants, sont effectivement inhabituelles et amusantes à aborder avec les jeunes générations. Pourtant, comme Mark Fischer et d'autres l'ont souligné, il existe de nombreux films Pixar auxquels Bird ne semble pas avoir participé, mais qui présentent néanmoins des éléments assez similaires. Au lieu de dire que les films de Pixar sont simplement objectivistes, il serait peut-être préférable de dire qu'ils associent les idées de Rand aux tropes de la contre-culture d'une façon tout à fait typique de la baie de San Francisco.

fréquemment la tendance de Rand à décrire des méchants qui savent flatter aussi bien les masses que les élites de la finance, des milieux universitaires ou du bon goût.

Mais ce message se confond avec d'autres éléments caractéristiques d'une version hippifiée de Rand que vous pouvez observer dans les complexes de bureaux colorés le long de la route US 101 qui traverse la Silicon Valley. Dans *Ratatouille*, on retrouve le mythe persistant de la réalisation de soi. *Ratatouille* raconte l'histoire d'un rat qui veut devenir chef cuisinier et qui se révèle avoir un talent naturel pour la cuisine. Mais Rémy n'est qu'un rat, membre d'un clan de rats qui aime se gaver de déchets. Or, il va devoir faire ses preuves face à un critique snob du nom d'Anton Ego. C'est le célèbre chef Auguste Gusteau qui résume l'esprit du film en affirmant que « *tout le monde peut cuisiner* » ; et le personnage principal, Rémy, passe tout le film à prouver qu'il est le digne, quoiqu'improbable, successeur de Gusteau. Pourtant, le film est trompeur, car si *Ratatouille* fait la démonstration des paroles de Gusteau, c'est en les détournant légèrement. En réalité, le film dit que si vous êtes un rat super-spécial avec un talent divin, vous devriez être traité comme le génie que vous êtes, peu importe qui vous êtes. En fin de compte, c'est Ego qui résume probablement le mieux le postulat central : « *Tout le monde ne peut pas devenir un grand artiste. Mais un grand artiste peut surgir n'importe où.* »

Pixar ne cesse de reproduire les lieux communs d'une Californie du Nord porteuse de tongs, mais finit par proposer quelque chose qui ressemble beaucoup à du Ayn Rand. Pour une production Disney à gros budget, le film *WALL·E* dénonce plutôt brutalement le capitalisme de consommation. Une gigantesque société, Buy'n'Large, a réduit l'humanité à des masses d'êtres informes, obèses et indolents qui se déplacent sur des sièges colorés dans un vaisseau spatial aux allures de bateau de croisière et dont les moindres désirs sont comblés par des robots serviles. Mais le film donne l'impression de ne pas en vouloir à la grande méchante société qui a créé ce monde. La majeure partie du film se moque plutôt des consommateurs qui l'ont laissée leur laver le cerveau, ce que le blogueur et critique culturel Mark Fisher a qualifié d'« *anticapitalisme tout en gestuelle*[5] ». Or, c'est justement une caractéristique des adeptes de Rand dans la Silicon Valley : leur mépris n'est pas tant dirigé vers les manipulateurs que vers les manipulés. Ainsi, un entrepreneur de la tech comme Peter Thiel est capable d'être farouchement opposé aux élites tout en étant extrêmement élitiste : si vous êtes assez stupide pour acheter ce que je vends, semble-t-il penser, vous ne devriez même pas avoir le droit de vote.

Même lorsque la Silicon Valley a massivement soutenu la campagne présidentielle de Bernie Sanders en 2016, une grande partie de la tech a semblé se tromper lourdement sur le sénateur du Vermont. Si vous discutiez dans les fêtes tech avec des « Bernie Bros » autoproclamés (un surnom que les véritables soutiens de Sanders avaient tendance à rejeter), ceux-ci vous expliquaient comment Sanders allait renverser l'ordre établi et faciliter l'innovation. On peut s'interroger sur ce qu'ils ont bien pu entendre en écoutant cet homme qui n'a jamais caché sa grande aversion pour le capitalisme américain.

5. Mark Fischer, *Capitalist Realism*, O Books, 2009, p. 12. (En français : Mark Fischer, *Le Réalisme capitaliste*, traduction de Julien Guazzini, Entremonde, 2018, p. 19.)

Certes, Sanders ambitionnait de bouleverser les institutions, mais en leur donnant davantage de poids – un aspect que n'a pas paru saisir une partie de ses fans de Redwood City, Palo Alto et Mountain View.

Contrairement à l'étrange alliance que la pensée objectiviste forme avec des jeunes qui ont l'air et le comportement de personnes âgées, ces amalgames hippies ne sont pas stratégiques. Ils sont liés à la façon dont Ayn Rand s'est installée dans la Silicon Valley : par le truchement de la contre-culture des sixties. Rand n'avait que du mépris pour les jeunes radicaux de la contre-culture (« sauvages » semble avoir été son insulte favorite à leur endroit), mais des membres de la contre-culture adoptaient tout de même ses livres. C'est probablement parce qu'ils la découvraient comme romancière. En tant que philosophe politique, elle était soit particulièrement inintelligible, soit particulièrement inintéressante à leurs yeux. Quand la génération à l'origine du slogan « Ne faites jamais confiance aux plus de 30 ans » a lu *La Grève*, elle « *n'y a rien trouvé qui lui fasse abandonner ce préjugé* », explique l'écrivain objectiviste Jeff Riggenbach[6].

Le spécialiste de la communication Jonathan Taplin[7] suggère que la tech a commencé comme un projet de gentils hippies contre-culturels, pour n'être détournée que plus tardivement par une « *contre-insurrection libertarienne* ». La contre-culture telle que nous aimons nous la rappeler (et

6. Jeff Riggenbach, « The Disowned Children of Ayn Rand », *Reason*, décembre 1982. L'article est archivé ici : https://reason.com/1982/12/01/the-disowned-children-of-ayn-r/.

7. Jonathan Taplin, *Move Fast and Break Things: How Facebook, Google, and Amazon Cornered Culture and Undermined Democracy*, Hachette, 2017, p. 67.

peut-être comme ses contemporains se plaisaient à l'imaginer) est certainement opposée à une croyance dans le « moi d'abord » sur les marchés et dans les entreprises. Mais depuis toujours, la médaille de la contre-culture a aussi son revers. Dans *The Conquest of Cool* (1997), le journaliste Thomas Frank[8] expose les nombreuses erreurs que nous commettons lorsque nous supposons que la contre-culture a connu une période d'authenticité avant d'être récupérée par les hommes en costume trois pièces, le monde de la culture et les entreprises américaines. En vérité, une bonne partie de la contre-culture s'appuie sur les grandes entreprises. Quand la contre-culture met en garde contre les personnes qui prient et se prosternent devant le dieu néon qu'elles ont créé, c'est sur un disque sorti par Columbia Records qu'elle le fait, puis dans un film qui coûtera l'équivalent de vingt millions de dollars actuels à Embassy Pictures[9].

Une partie importante de la contre-culture est également à l'origine de la création de grandes entreprises. C'est notamment le cas en Californie où la méfiance à l'égard des autorités et la répulsion qu'inspirent COINTELPRO[10] et la guerre du Vietnam se traduisent fréquemment par une conviction que l'entreprise est peut-être une forme plus naturelle, plus spontanée d'auto-organisation humaine et qu'elle risque en réalité moins que les autorités de conduire à des abus et à

8. Thomas Frank, *The Conquest of Cool: Business Culture, Counterculture and the Rise of Hip Consumerism*, University of Chicago Press, 1997.

9. [NdT] La chanson est « The Sound of Silence » de Simon & Garfunkel (1964) et le film est *Le Lauréat* (*The Graduate*) de Mike Nichols (1967).

10. [NdE] Programme de contre-espionnage du FBI, dirigé par J. Edgar Hoover, qui avait pour objectif d'enquêter sur les organisations politiques dissidentes et de perturber leurs activités.

de la tyrannie. Les hippies savent très bien qu'ils ne peuvent pas diriger le gouvernement de la lointaine Washington ; le monde des affaires leur semble en revanche plus décentralisé et plus poreux. Les signifiants de la contre-culture, et souvent ses protagonistes mêmes, s'emparent ainsi de secteurs entiers, générant au passage des profits immenses.

Un grand nombre de communautés fonctionnent à l'époque comme des entreprises extrêmement rentables, ou sont en passe de le devenir. Le *Whole Earth Catalog* de Stewart Brand[11] consiste en un catalogue contre-culturel bizarre qui propose des solutions *do-it-yourself* et que Steve Jobs a un jour qualifié de précurseur de Google. Calqué sur le catalogue de la boutique de vente par correspondance L.L.Bean, il repose sur une idée d'autorenouvellement et d'autonomie rendus possibles par la magie du bon outil. Comment ne pas y voir une certaine proximité avec les idées que vend Rand ? Par conséquent, même si Rand déteste la contre-culture, Riggenbach a probablement raison d'affirmer qu'au moins certains membres de la contre-culture sont tout sauf allergiques à ses idées. Cela est d'autant plus vrai lorsque les romans de Rand abordent l'entreprise capitaliste comme une forme de libre expression du soi.

La Source vive, par exemple, est en soi un roman d'artiste, même si l'art en question s'exprime sous la forme de grues, de bétonnières et de poutres d'acier. Les artistes qui y sont représentés peignent sur une toile normalement réservée

11. Au sujet du *Whole Earth Catalogue*, voir Fred Turner, *From Counterculture to Cyberculture: Stewart Brand, the Whole Earth Network, and the Rise of Digital Utopianism*, Chicago University Press, 2006, p. 69. (En français : Fred Turner, *Aux sources de l'utopie numérique : De la contre-culture à la cyberculture, Stewart Brand, un homme d'influence*, traduction de Laurent Vannini, C&F éditions, 2e édition, 2021, p. 127.)

aux grandes entreprises, et semblent pratiquer leur art sans cette distorsion généralement introduite par une entreprise collective, telle qu'une grande société. Inversement, les riches industriels dépeints dans le roman sont traités comme des artistes de l'économie, ratés, frustrés ou épanouis.

Dans ce roman, on rencontre Guy Francon, dont les entreprises commerciales suivent les caprices de la société et qui n'y projette aucune de ses propres valeurs. On rencontre aussi Hopton Stoddard, rongé par la culpabilité que fait naître sa propre réussite : le méchant Toohey en profitera pour le convaincre de contribuer à des organisations caritatives. De la même manière, l'éditeur Gail Wynand est un nihiliste typiquement randien : il gagne de l'argent y compris avec des produits qu'il sait de mauvaise qualité et craque complètement quand il se rend compte qu'il aurait pu faire fortune en suivant ses propres instincts plutôt que ceux des masses. En d'autres termes, ces entreprises ne fonctionnent pas comme les entreprises ont tendance à fonctionner dans le monde réel ; elles existent comme créations esthétiques et comme moyens de réalisation de soi. Chez Rand, les entreprises sont des autoportraits.

Peu de romans mêlent avec autant de facilité mélodrames interpersonnels, créations et faillites de cabinets d'architecture que *La Source vive*. D'ailleurs, le livre semble par endroits incapable de distinguer les uns des autres. Peu de romans décrivent autant de commandes de bâtiments malhonnêtes et de critiques d'architecture machiavéliques. Les bâtiments se construisent et se détruisent si rapidement qu'on perçoit aisément le rôle étrange de substitut que joue l'architecture pour représenter des activités nettement moins collectives. Le roman le reconnaît dans sa confrontation paroxystique entre Howard Roark, brillant individualiste, et Peter Keating, suiveur dépourvu de talent : Keating s'adresse à Roark au sujet d'une commande qu'il ne peut pas honorer, et Roark accepte de concevoir le bâtiment avec son génie habituel, laissant Keating s'en attribuer le mérite. En contrepartie, il exige que Keating construise le bâtiment exactement selon les plans qu'il lui fournit.

En d'autres termes, on observe cette tendance étrange (et affichée) de traiter ici une activité telle que l'architecture, qui nécessite par définition un groupe et, disons-le franchement, des collectifs, comme s'il s'agissait d'un travail artistique produit par un individu dans la solitude de son studio, ou seul installé à son bureau. C'est ce que l'histoire des idées appelle une « esthétique du génie[12] » : cette expression décrit notre tendance à penser que la signification d'une œuvre d'art est dictée par l'esprit même de l'artiste, non par les règles préexistantes auxquelles l'artiste s'est conformé, ni par l'esprit plus général de la société et de l'époque. Quand on parle d'un roman, cette idée a un certain sens. Mais Rand élargit cette idée du génie individuel à certaines des activités les plus collectives menées par l'humanité. Vous êtes-vous déjà demandé, en regardant une ligne de chemin de fer, ce qui a bien pu passer par la tête du génie unique qui a décidé de construire ce pont enjambant la vallée ? C'est pourtant ce que fait Rand. Et remarquez que, en la personne d'Elon Musk, nous avons enfin réellement un

12. Pour une explication de l'esthétique du génie et de son émergence historique, voir Hans-Georg Gadamer, *Truth and Method*, traduction en anglais de W. Glen-Doepel, Joel Weinsheimer & Donald G. Marshall, Bloomsbury, 2013, p. 55. (En français : Hans-Georg Gadamer, *Vérité et Méthode*, traduction de Pierre Fruchon, Jean Grondin & Gilbert Merlio, Seuil, 1996, p. 72.)

milliardaire dont les projets excentriques de forage de tunnels relèvent purement et simplement de la performance artistique – une pure émanation du génie individuel, à peu près inutile à n'importe qui d'autre.

Comme le fait observer le politologue Corey Robin, dès sa prime jeunesse, Rand a voulu écrire des scénarios et c'est à Hollywood qu'elle a perfectionné son écriture. L'industrie du film est un de ces rares exemples où des légions d'auteurs anonymes, de décorateurs, d'ingénieurs du son et de techniciens, dont la plupart sont organisés en syndicats puissants, créent un objet esthétique qui finit par être attribué à une seule personne. On parlera ainsi d'« un film de Damien Chazelle ». Et même si les romans cyclopéens de Rand semblent très éloignés des divertissements efficaces des complexes cinématographiques, leurs tournures mélodramatiques sont clairement inspirées par Hollywood : ses méchants sont d'élégants moustachus, ses héros sont resplendissants et incorruptibles, les infâmes complots s'enchaînent avant que le héros ne soit pleinement réhabilité.

L'individualisme héroïque de Rand est devenu un aspect incontournable de la façon dont la tech se présente. À travers son esthétique du génie, la pratique très *inesthétique* du codage (si vous ne me croyez pas, à chaque fois qu'une émission de télévision tente de *rendre* le piratage informatique excitant, imaginez ce que cela ferait *vraiment* de regarder quelqu'un coder dans le réel) pourrait prendre l'allure d'une lutte virile. À travers elle, les gens qui ont la bonne idée d'investir dans le bon projet au bon moment, qui sont colocataires de la bonne personne en première année d'université, ou qui disposent des fonds nécessaires pour investir au bon moment deviennent les messies de la tech, entourés de disciples buvant leurs moindres paroles.

Pratiquement tout le monde dans l'univers de la tech vous dira que c'est une distorsion majeure de la réalité. Dans ce secteur, le travail est presque toujours du travail d'équipe. Bien souvent, il est bien moins cool que ce qu'il produit. Vélos colorés et burritos gratuits mis à part, c'est finalement un boulot comme un autre. Mais le fait est que, aux yeux du monde extérieur et de leur propre personnel, les entreprises technologiques veulent clairement donner l'image d'emplois pas comme les autres. L'esthétisation du travail est peut-être la principale caractéristique des emplois dans la tech[13] et c'est grâce à elle que ce secteur d'activité est devenu le modèle de ce à quoi ressemble le travail de nos jours.

Mais quelque chose de similaire s'applique aussi en réalité à l'autre bout du spectre de l'emploi technologique. Parce que tandis que les personnes qui programment sont encouragées à se penser non pas comme les membres d'une entreprise, mais comme ceux d'une famille, les personnes envoyées conduire pour Uber, livrer des produits pour Amazon ou chercher des repas pour DoorDash s'entendent dire qu'elles ne sont pas employées. L'économie même des petits boulots est une esthétisation des pratiques de travail. Certes, ce que vous faites peut ressembler fortement à ce que faisait un livreur de pizza il y a 20 ans, mais ce que vous faites en réalité (à en croire les publicités cherchant à attirer de nouveaux livreurs pour DoorDash), c'est être votre propre patron, explorer de nouvelles parties de la ville ou économiser pour votre mariage.

13. [NdE] Voir Fred Turner, *L'usage de l'art. De Burning Man à Facebook : art, technologie et management dans la Silicon Valley*, C&F éditions, 2020.

***

Égalité 7-2521, le narrateur d'*Anthem (Hymne)*, écrit ses pensées pour défier les conventions de la société entièrement collectivisée dans laquelle il vit. Tout le récit est un acte d'hérésie et le frisson hérétique que nous pouvons ressentir en lisant les avertissements impopulaires que lance le roman est peut-être censé faire un écho distant à la bravoure d'Égalité 7-2521. Vers la fin de son récit, Égalité 7-2521 s'interroge sur la façon dont le mot « je », ainsi que le concept du moi perçu comme quelque chose méritant d'être affirmé et défendu, a d'abord disparu de la pensée[14] :

« À cette époque peut-être, il y en avait quelques-uns parmi les hommes, quelques-uns à la vision claire et à l'âme pure, qui refusaient d'abandonner ce mot. Quelle a pu être leur angoisse face à ce qu'ils voyaient venir et ne pouvaient arrêter ! Peut-être ont-ils crié en signe de protestation et d'avertissement. Mais les hommes n'ont pas tenu compte de cet avertissement. Et eux, ces quelques-uns, ont livré une bataille désespérée, et ils ont péri avec leur étendard souillé de leur propre sang. Et ils ont choisi de périr, car ils savaient. »

Il existe un genre spécifique de dystopies où les choses que nous tenons pour acquises sont interdites : les sentiments, la lecture, le fait d'être simultanément Audacieux et Érudit. Ces textes peuvent sembler quelque peu ridicules, mais le

14. « *À cette époque peut-être, il y en avait…* » : Ayn Rand, *Anthem*, https://www.gutenberg.org/files/1250/1250-h/1250-h.htm. (En français : Ayn Rand, *Anthem (Hymne)*, traduction de Jacqueline Balestier & Philippe Chamy, Éditions Rive Droite, 2006.)

trope tire au moins une partie de son efficacité du fait qu'il ennoblit certaines de nos actions les plus quotidiennes, les transformant en grands actes de rébellion et de courage. C'est particulièrement le cas des livres qui vous félicitent de lire des livres, ce qu'*Anthem (Hymne)* fait assez explicitement. Mais le roman de Rand ne s'arrête pas là : en terminant la chronique d'Égalité 7-2521, vous aurez tendance à vous féliciter de ne pas avoir abandonné le mot « je », de penser que des personnes vont venir vous l'enlever, de refuser de lâcher le dixième mot le plus utilisé en anglais comme en français. De savoir que ceux qui viendront vous l'enlever vous saigneront et souilleront vos étendards de votre sang.

Le critique culturel allemand Theodor W. Adorno[15] (célèbre pour sa bougonnerie) écrit dans les années 1940 que « *chez beaucoup de gens, c'est déjà une audace insolente de dire je* ». Vers la même époque, *Anthem (Hymne)* de Rand avance que dire « je » est une révolution en soi. Adorno et Rand sont tous deux profondément préoccupés par la montée du totalitarisme au milieu du XXe siècle. Mais si Adorno montre que toute résistance à la tendance de la société à la conformité et à la totalisation est extrêmement difficile, Rand baisse implicitement le niveau de ce qui peut être considéré comme de la résistance.

La résistance proposée par Rand ne vous oblige pas à modifier la façon dont vous vivez votre vie ; elle ne vous oblige pas à vous confronter à une toute nouvelle représentation

15. Theodor W. Adorno, *Minima Moralia: Reflections from Damaged Life*, Verso, 2005, p. 50. (En français : *Minima Moralia : Réflexions sur la vie mutilée*, traduction d'Éliane Kaufholz & Jean-René Ladmiral, Payot, 2003, p. 64.)

du monde. Elle vous oblige à faire ce que vous faites déjà, l'aura politique en plus. Vous n'aimez pas payer vos impôts ? Eh bien, bonne nouvelle, c'est désormais un positionnement idéologique. La bureaucratie et les réunions à n'en plus finir vous ennuient ? Eh bien, bravo, parce que c'est désormais de la philosophie. Voilà le génie qui se cache derrière les objections au « politiquement correct ». Ainsi, vous pouvez continuer à parler comme vous avez toujours parlé, mais au lieu d'y voir de la paresse, vous pouvez vous dire que c'est en réalité du courage.

L'esthétique du génie qui règne sur le secteur de la tech repose encore et toujours sur cette espèce de courage purement gestuel, sur le déguisement des petites choses du quotidien en grands actes de non-conformisme, voire de résistance. Vous répétez ce que les gens disent autour de vous et vous pouvez qualifier cela de libre-pensée. Vous investissez l'argent de certaines personnes pour exploiter le travail d'autres personnes, et vous pouvez qualifier cela de prise de risques. Vous dites à vos collègues qu'ils ne devraient pas vraiment être vos collègues, puis vous allez parler de persécution dans l'émission de Tucker Carlson sur Fox News. Et ce type de courage, qui n'est fait que de petits actes, s'accompagne d'une communication qui, elle aussi, ne fait que suivre le mouvement. Si le présent chapitre portait sur ce qu'une certaine esthétique du génie perçoit comme du courage et de l'indépendance, alors le suivant portera sur la déception qui se niche entre l'image esthétisée et la réalité de l'objet.

4.

Communication

« *Depuis la famille jusqu'à la nation, chaque groupe humain est une société d'univers-îles*[1] », écrit Aldous Huxley en 1954. « *Nous vivons ensemble, nous agissons et réagissons les uns sur les autres ; mais toujours, et en toutes circonstances, nous sommes seuls. Les martyrs entrent, la main dans la main, dans l'arène ; ils sont crucifiés seuls.* » Huxley s'efforce de dépasser cette condition, de développer davantage d'empathie, d'entrer en résonance avec les autres à un niveau plus profond. De connaître les états intérieurs de ses semblables autrement que par simple déduction, par analogie avec son propre moi. C'est ce qu'il recherche dans le vedānta, la méditation, le LSD et – comme le décrit l'épisode relaté ci-après – dans la mescaline.

La plupart du temps, cependant, Huxley est déçu. Lorsqu'il boit un verre d'eau contenant 0,4 gramme de

1. Aldous Huxley, *Complete Essays: 1939-1965*, vol. 5, Dee, 2002, p. 159-160. (En français : *Aldous Huxley, Les Portes de la Perception*, traduction de Jules Castier, Éditions du Rocher, 1954.)

mescaline, écrit-il dans *Les Portes de la perception* (1954), il est « *convaincu d'avance que la drogue [lui] donnerait accès [...] au genre de monde intérieur décrit par Blake* » ; il espère voir le monde à travers les yeux des mystiques, de Johann Sebastian Bach. Il se trouve que la mescaline n'est pas le moyen d'y parvenir. Mais, par un chemin détourné, l'idée de la fusion mentale imaginée par Huxley, c'est-à-dire facilitée par les nouvelles technologies et sous-tendue par un rejet de la conception occidentale de l'esprit, va finir par se transmettre au secteur de la tech.

En 1960, un diplômé de Stanford du nom de Dick Price assiste à un cours de Huxley intitulé « Potentialités humaines ». En 1962, Price s'associe à Michael Murphy, lui aussi diplômé de Stanford, pour ouvrir l'institut Esalen à Big Sur, sur la côte californienne, avec le soutien de plusieurs intellectuels de Californie du Nord, dont Frederic Spiegelberg (spécialiste des religions orientales à Stanford), Gregory Bateson (le célèbre anthropologue) et Fritz Perls (essentiellement connu pour l'idée de la gestalt-thérapie). Peu après, Huxley vient donner des cours et des séminaires à Esalen, à l'instar des sommités Richard Buckminster Fuller, Ken Kesey, Linus Pauling ou encore Joseph Campbell. Esalen acquiert la réputation de centre pour le Mouvement du potentiel humain[2], et sa longévité dépassera celle de la plupart des institutions du spiritualisme New Age.

Ces dernières années, Esalen est passé sous l'emprise de la Silicon Valley. Son directeur actuel a travaillé pour

2. Au sujet des origines du Mouvement du potentiel humain, voir : Walter Truett Anderson, *The Upstart Spring: Esalen and the Human Potential Movement*, iUniverse, 2004, p. 9-15.

la Fondation Wikimedia, et des consultants de la Silicon Valley viennent y proposer des cours de *life designing* pour apprendre à se construire la vie que l'on veut. Ce n'est pas la première fois que les hippies adeptes de méditation de la côte centrale de Californie et les geeks de la baie de San Francisco se rencontrent même si, pendant longtemps, cette influence s'est surtout exercée dans l'autre sens. Durant les dix premières années d'Esalen, alors en pleine ébullition, des universitaires de tout le pays travaillent sur ARPANET, le prédécesseur de l'internet. Le premier message envoyé par un réseau étendu, en 1969, passe d'un laboratoire du Stanford Research Institute à un laboratoire de l'université de Californie à Los Angeles (UCLA). Comme le fait remarquer l'historien américain Peter Miller, ce sont des personnes liées à Esalen qui ont créé la d.school de Stanford, cette école qui enseigne le design et a contribué à définir la manière dont la tech envisage les gadgets, l'expérience utilisateur et le processus créatif.

Bien que la méditation et les pratiques yogiques soient les principaux centres d'intérêt de l'institut, la technologie y est associée dès le départ. En effet, comment décrire 0,4 gramme de mescaline dissoute dans de l'eau du robinet si ce n'est comme une technologie conçue pour ouvrir en grand les portes de la perception ? Une anecdote relayée par l'historien (et membre du conseil d'administration d'Esalen) Jeffrey Kripal donne une idée de l'ampleur des connaissances technologiques et de la foi dans ces technologies qui caractérisent le Mouvement du potentiel humain. En 1982, le Centre russo-américain de l'institut Esalen entreprend une expérience de diplomatie citoyenne. Steve Wozniak, de la célèbre marque

Apple, les aide à établir les premières communications par satellite entre l'Union soviétique et les États-Unis, court-circuitant ainsi les gouvernements pour permettre aux peuples de se parler directement. Le premier événement organisé dans ce cadre est un « Festival de rock-and-roll satellitaire ». Comme le souligne Kripal, cette série de concerts est assez révélatrice du mélange de contre-culture et de technologie de pointe qui caractérise l'esprit d'Esalen[3].

Mais si les espoirs stratosphériques que Huxley place dans la mescaline se propagent depuis Esalen et d'autres institutions de la contre-culture jusqu'aux garages et aux complexes de bureaux de Redwood City et Mountain View, son sentiment de déception fait aussi partie du voyage. La contre-culture fournit aux technophiles une intuition ambitieuse de ce que permet la communication – ainsi qu'un sentiment artificiel de déception lorsque la communication humaine telle qu'elle se produit réellement n'est une fois de plus pas à la hauteur des expériences que l'on s'était imaginées juste avant de boire ce verre d'eau à la mescaline.

Le fait est que nous ne connaissons que trop bien ces deux sentiments. D'un côté, nous avons cet incroyable sens du possible lorsque nous nous connectons soudain à un monde bien plus vaste par des moyens qui, ne serait-ce que 20 ans plus tôt, nous auraient paru désespérément futuristes. D'un autre côté, nous avons cette impression de toujours tout gâcher, comme si nos médias de communication devenaient des cloaques remplis de spams, de *dick pics* et d'idées nazies, parce que

3. Au sujet de l'institut Esalen et du Centre russo-américain, voir : Jeffrey Kripal, *Esalen: America and the Religion of No Religion*, University of Chicago Press, 2011, p. 334.

nous aurions d'une certaine façon raté leur conception. Dans ce chapitre, je n'aborderai pas l'incroyable promesse d'expansion de la conscience qu'alimentent, souvent à juste titre, nos nouvelles technologies de communication. Je m'attarderai plutôt sur la déception qu'elles suscitent et sur la façon dont cette déception a été exploitée.

***

Marshall McLuhan se montre apparemment critique du modèle de communication attribué à Shannon et Weaver, ainsi que de la cybernétique de Norbert Wiener, parce qu'aucun des deux ne fait suffisamment cas de « *la transformation des personnes sous l'effet des instruments qu'elles utilisent*[4] ». Étonnamment, McLuhan et Shannon ont pourtant prédit les deux caractéristiques centrales qui définissent notre paysage médiatique au XXIe siècle. Shannon annonce avant l'heure que la gestion de la redondance permettra la diffusion de quasiment n'importe quel contenu sur l'ensemble de la planète. De son côté, McLuhan a l'intuition que l'appréciation, la production et le partage des mêmes contenus entraîneront une redondance des contenus sur tous les canaux disponibles et donc la surcharge de ceux-ci. En d'autres termes, c'est parce que nous *pouvons* communiquer mieux que nous finirons par communiquer moins bien.

4. La distinction entre une théorie descriptive et transformationnelle de la communication provient d'une conférence donnée par McLuhan en 1974. L'extrait correspondant peut être visionné à l'adresse : https://www.youtube.com/watch?v=SLQzEGDBpyw.

Ce n'est pas un problème tout à fait nouveau. Dans son livre *Speaking Into the Air*, John Durham Peters[5] défend l'idée que la « communication » a toujours été un concept plein de potentiel, mais que les actes de communication réels ne sont jamais vraiment à la hauteur de ce potentiel. Le concept cache un fantasme quasi mystique de parfaite transparence, de communauté et de droiture qui s'inspire du symbolisme des visions religieuses et de l'inspiration divine. Bien que le mot soit très ancien, le concept de la communication n'a commencé à captiver les philosophes et les théoriciens qu'à partir du moment où il est devenu impératif que les messages puissent circuler en étant le moins déformés possible et où il est apparu évident que cette déformation était fréquente. Le concept fait à la fois référence à un pont et à une barrière, selon Peters. Autrement dit, la communication est souvent utilisée pour résoudre les problèmes que la communication a créés en premier lieu.

Le problème et la promesse de la communication ont ainsi tous deux été associés aux avancées technologiques. Plus nous fonctionnons en réseau, par exemple, plus les abus de nos systèmes de communication deviennent dangereux. Les fausses informations qui circulent sur les médias sociaux ont beaucoup plus de poids que, disons, un moine écrivant une fausse chronique dans l'Angleterre du XIIe siècle ou une personne réalisant un dessin calomnieux dans la France du XVIIIe siècle. Mais parce que le discours sur la communication s'est traditionnellement inspiré du langage mystique ou religieux, les médias de l'ère internet ont pu se cacher derrière

5. John Durham Peters, *Speaking Into the Air: A History of the Idea of Communication*, University of Chicago Press, 2012, p. 10-21.

un sentiment de déception bien commode – une entourloupe qui accompagnait déjà les actes de communication bien avant que Huxley prenne sa première gorgée de mescaline. En conséquence, nous ne sommes pas capables de communiquer correctement sur nos systèmes de communication.

Pour étayer cette affirmation, rien de plus simple : demandez à @jack – Jack Dorsey, l'ancien PDG de Twitter – ce qu'il pense de l'exclusion des néonazis sur sa plateforme. Vous obtiendrez en retour un verbiage nébuleux et protéiforme, vibrant de beaux idéaux et de grands espoirs. Il omettra de préciser que dans les pays où l'affichage de certains contenus engagerait la responsabilité juridique de Twitter, son entreprise n'a aucun problème à mettre ces idéaux et ces espoirs de côté pour s'adonner à la censure. Il omettra d'énoncer les choix extrêmement politiques et incroyablement délicats que Twitter opère pour décider des contenus à supprimer. Il omettra même de vous expliquer dans le détail le processus qui conduit à ces suppressions. Tout au plus, il vous renverra un sentiment de profonde déception : les enfants, nous avons construit ce jouet fantastique pour vous, et vous ne vous en servez que pour devenir des nazis et traiter les autres de nazis. Voilà pourquoi, comme les gens se plaisent à le remarquer sur la plateforme de @jack, nous sommes privés de jolies choses.

Cet espace de déception est un espace que la droite et la gauche, les capitalistes et leurs critiques marxistes occupent largement ensemble, parfois même de manière tout à fait amicale. Palantir Technologies est universellement considérée comme l'une des entreprises les plus dangereuses de la Silicon Valley en raison des risques qu'elle présente en matière de violation des droits fondamentaux et de menaces pour la liberté d'expression. Elle crée des technologies qui agrègent et croisent les données issues de banques de données gigantesques, afin de repérer des menaces pour la sécurité intérieure ou des personnes immigrées sans papiers. Et peu importe que vous tolériez ou non l'idée que des services de renseignements comme la NSA ou le FBI aient accès à ces technologies, d'autres entreprises ont déjà créé des technologies pour des gouvernements bien plus autoritaires.

Peter Thiel et Alex Karp sont deux des fondateurs de Palantir. Karp[6] fait figure d'exception parmi les PDG de la Silicon Valley : il est titulaire d'un doctorat en sociologie et il a étudié avec Jürgen Habermas[7]. (Sa directrice de thèse était une autre professeure de Francfort, Karola Brede, qui est loin d'être aussi connue et dont Karp ne parle généralement pas.) On relève souvent ce fait comme une sorte de contradiction : Karp aime invoquer Habermas, un des grands théoriciens de l'ordre libéral, des droits et de la transparence, ce qui ne l'empêche pas de créer désormais des technologies largement perçues comme de grandes menaces dans tous ces domaines. Après tout, Palantir Technologies tire son nom des grandes pierres de vision du *Seigneur des Anneaux*, la trilogie de

6. La thèse de Karp à Francfort (*Aggression in der Lebenswelt*) est archivée, en allemand bien entendu, à l'adresse : https://core.ac.uk/download/pdf/14505332.pdf.

7. Jürgen Habermas, *The Structural Transformation of the Public Sphere: An Inquiry into a Category of Bourgeois Society*, traduction en anglais de Thomas Burger, MIT Press, 1991. (En allemand : Jürgen Habermas, *Strukturwandel der Öffentlichkeit. Untersuchungen zu einer Kategorie der bürgerlichen Gesellschaft*, Suhrkamp, 1990.) (En français : Jürgen Habermas, *L'espace public : archéologie de la publicité comme dimension constitutive de la société bourgeoise*, traduction de Marc Buhot de Launay, Payot, 2007.)

Tolkien ; comme les orbes du roman, la technologie de l'entreprise est conçue pour permettre aux puissants de voir ce que les autres ne peuvent pas voir. Ce déséquilibre contredit l'idée centrale d'un espace public dans lequel, selon Habermas, nous devrions tous pouvoir entrer sur un pied d'égalité. Pourtant, ce n'est pas comme si le théoricien allemand avait une vision parfaitement optimiste de l'espace public. Dans son grand livre de 1962, *L'espace public : archéologie de la publicité comme dimension constitutive de la société bourgeoise*, il décrit plutôt un déclin progressif de l'espace public sous la pression des médias de masse et de la culture de la consommation. Bien que Habermas n'adhère pas au pessimisme culturel, il exploite un récit du déclin caractéristique de celui-ci. L'espace public est un idéal dont nous nous éloignons depuis 200 ans.

Dans sa thèse, Karp s'appuie sur le travail du sociologue Talcott Parsons pour analyser ce qu'il appelle le « jargon » – un langage davantage utilisé pour les sentiments qu'il fait naître et qu'il véhicule dans certains cercles que pour son contenu informatif ; un langage qui, en un certain sens, s'installe dans l'espace entre les promesses de l'espace public et sa réalité. Il prend pour exemple un discours de l'auteur allemand Martin Walser dans lequel celui-ci se plaint d'une prétendue contrainte sociale pesant sur l'Allemagne et imposant de constamment faire référence à l'Holocauste et aux crimes nazis. Karp affirme d'entrée de jeu que cette contrainte est essentiellement imaginaire, mais il cherche ensuite à savoir *pourquoi* Walser l'a imaginée, et pourquoi cette perception imaginaire s'est répandue. Sa réponse est une critique du politiquement correct. Alors que les faits ne sont pas de son côté, Walser exprime l'idée que « *le respect de certains tabous sociaux et la ritualisation des messages culturels [à leur sujet] constituent en fin de compte un dénigrement de ce besoin propre à chaque être humain : juger du bien et du mal selon sa propre conscience*[8] ».

La thèse de Karp date de 2002. Elle évoque pourtant très bien la perception que la Silicon Valley a de questions plus récentes liées à la communication et à l'espace public. Il est assez intéressant de noter que Karp[9] ne formule jamais réellement la critique que je viens de lui attribuer : il va prudemment jusqu'à revendiquer pour Walser le droit de transgresser pour transgresser, le droit de se rebeller contre le carcan de la bienséance – une sensibilité que nous identifierions aujourd'hui comme du trollage. Puis, il se contente de citer les œuvres de Walser et de s'interroger : l'auteur a-t-il raison ? Son discours est-il un exemple d'espace public fonctionnant comme prévu, ou un signe que la cohésion sociale autour de l'expression publique commence à se fissurer ? Au lieu d'y répondre, Karp passe aux remerciements. Bien qu'il ait écrit sa thèse peu avant d'intégrer la Silicon Valley, Karp y avait déjà parfaitement intégré une stratégie discursive propre au secteur de la tech : un étrange refus de la confrontation. Peter Thiel aime à plaisanter que « *la compétition, c'est pour les perdants* », et sur le marché des idées, la Silicon Valley semble largement lui donner raison.

La Silicon Valley a tendance à faire semblant de débattre quand elle n'a en réalité aucune envie de le faire. On peut en

8. La citation « *le respect de certains tabous sociaux* » (« *die Rücksicht auf Tabus einer Gesellschaft* ») figure à la page 123.

9. Depuis la rédaction de ce livre, Moira Weigel a écrit le texte suivant : Moira Weigel, « Palantir Goes to the Frankfurt School », *boundary 2*. L'article est archivé à cette adresse : https://www.boundary2.org/2020/07/moira-weigel-palantir-goes-to-the-frankfurt-school/.

voir un exemple dans le tristement célèbre « mémo Google »[10] que James Damore a envoyé sur une liste de diffusion interne de Google en juillet 2017, et qui a rapidement fuité dans les médias. Dans ce mémo, Damore s'oppose aux efforts de diversité dans l'emploi menés par l'entreprise, notamment en suggérant que le manque de représentation chez Google, en particulier des femmes et des personnes racisées, est le résultat de facteurs biologiques plutôt que d'une forme de discrimination ou d'inégalité structurelle. Le mémo a causé un tollé immédiat. Damore a fini par être licencié et a depuis transformé son licenciement en emploi à temps plein. Dans *The New York Times*, l'éditorialiste et habitué du *tone policing* David Brooks décrit ce grand fracas comme une immense déception : « *Ce que nous avons ici est une tension légitime*[11] », suggère-t-il, déplorant que notre discours public manque de subtilité pour l'atténuer. De nombreux commentateurs de droite se sont fait l'écho de ses doléances et de l'idée que nous n'avons « plus » de cadre commun pour débattre des questions brûlantes de notre époque. Ce qu'ils oublient (sans doute souvent à dessein) est que le mémo Google n'a pas été victime d'une absence de cadre commun neutre ; il en a profité.

Il est utile d'analyser les ressorts rhétoriques de ce document – parce que Damore sait comment donner l'impression de faire quelque chose sans réellement le faire. Et des

10. Le mémo Google, intitulé « La chambre d'écho idéologique de Google » est archivé à l'adresse suivante : https://www.documentcloud.org/documents/3914586-Googles-Ideological-Echo-Chamber.html.

11. L'opinion de David Brooks au sujet du mémo Google, dans laquelle il exprime une « tension légitime » et des récriminations quant à la réaction de Google au mémo est disponible ici : https://www.nytimes.com/2017/08/11/opinion/sundar-pichai-google-memo-diversity.html.

personnes comme Brooks, qui n'est pas un lecteur des plus attentifs même dans ses meilleurs jours, se convainquent que le mémo intervient réellement dans un certain débat, alors qu'il instrumentalise le fait qu'aucune autre réaction n'aurait pu être provoquée par sa diffusion. À en croire le mémo, intitulé « La chambre d'écho idéologique de Google », Damore veut faire progresser la santé de l'entreprise et, tant qu'on y est, de la société. Dans un tableau bien pratique, Damore juxtapose des types de personnalités progressistes et conservatrices, qu'il applique ensuite aux sociétés et aux entreprises. « *Une entreprise trop à droite peut être lente à réagir, trop hiérarchique et méfiante à l'égard des autres.* »

Damore prend bien soin de nuancer les choses : après avoir divisé les personnes, les sociétés et les entreprises selon ces catégories, il admet qu'« *aucun bord n'a raison à 100 % et les deux points de vue sont nécessaires au bon fonctionnement d'une société ou, dans le cas présent, d'une entreprise* ». De ce fait, la « chambre d'écho idéologique » mentionnée dans le titre du mémo est-elle un problème parce qu'elle empêche l'entreprise de fonctionner correctement ? (Google est actuellement valorisée à près de 730 milliards de dollars ; on peut se demander ce qu'elle vaudrait si elle fonctionnait correctement.) Ou parce qu'elle rendrait enfin plus pragmatique une entreprise devenue célèbre pour avoir imaginé des choses dont personne n'aurait pu rêver ne serait-ce qu'une décennie plus tôt ? Ou parce qu'il est injuste de traiter différemment des personnes à l'esprit plus pragmatique simplement parce qu'une entreprise est idéaliste ?

Chacune de ces lectures est possible et aucune n'a de sens. Damore ne peut pas dire s'il avance un argument normatif ou pragmatique, s'il avance un argument qui concerne la société en général ou l'entreprise dans laquelle il travaille en particulier. Il ne peut pas dire s'il prend la défense de l'entreprise dans son ensemble ou de personnes qui y travaillent. Il ne peut pas dire en quoi les pratiques commerciales conservatrices sont censées être analogues aux structures de la personnalité conservatrice. Mais son envie de le dire est peut-être plus marquante encore que son incapacité à le dire.

De façon générale, Damore semble vouloir conserver le sens des mots d'un usage à l'autre selon des procédés qui sont pratiquement impossibles. Il établit ainsi une juxtaposition entre « Le changement est bon (instable) » et « Le changement est dangereux (stable) », puis fait entrer tout et n'importe quoi dans cette matrice. Une personne qui pense qu'il est bon de secouer un syndicat enseignant est-elle vraiment « progressiste » ? Une personne qui veut que son employeur abandonne toute prise en charge des frais de contraception n'est-elle pas plus idéaliste que pragmatique ? Il ne s'agit pas de dire que le tableau de Damore n'a pas vraiment de sens. Mais il n'en a que lorsque les mots sont forcés de conserver leurs usages et définitions bien au-delà des limites de ce que nous enseigne notre expérience quotidienne.

Par conséquent, quelle que soit notre opinion du mémo Google, nous pouvons affirmer que David Brooks se trompe. Ce n'est pas que ce pauvre James Damore a fait une proposition honnête à des libéraux à l'esprit fermé (mais « instables »), avant que ceux-ci ne se retournent contre lui. C'est qu'il a envoyé un message destiné à être mal compris. Le simple fait de s'y intéresser revient à se faire piéger par la terminologie du mémo, à s'énerver contre les hypothèses que son auteur doit poser, mais qu'il n'admettra pas. Le véritable intérêt du message réside dans l'inévitable étape qui suit, où il affirme que son texte – qui, ne l'oublions pas, est pratiquement impossible à comprendre en soi – est malheureusement et terriblement mal compris. Le mémo existe pour permettre à David Brooks de déplorer la situation. Le message de Damore n'est pas une communication diffusée par quelqu'un qui espère être compris par un public. C'est une communication diffusée par quelqu'un qui veut être déçu, une proposition destinée à être refusée.

Mais voilà : James Damore a une façon assez caractéristique d'occuper et de miner ce terrain de déception préparée et délibérément fabriquée. Nous en avons tous fait l'expérience. Il nous est arrivé à tous d'envoyer ce message, de connaître la joie de la déception, du moins occasionnellement. Ce sentiment d'avoir sincèrement tenté de communiquer, mais que l'autre partie est simplement bien trop idéologue pour participer à un débat honnête. Je ne veux pas suggérer que ce sentiment de déception n'est jamais juste ou approprié, mais plutôt que nous nous en prévalons trop et le traitons avec une déférence aberrante même lorsqu'il n'est ni juste ni approprié. Après tout, une certaine version de ce sentiment est inhérente à tout trollage : j'ai tenté de m'intéresser à cette question de bonne foi, mais mes adversaires ont choisi de ne pas faire preuve de respect.

Pensez aussi à cette espèce connue sous le nom de *reply guy* : un homme qui répond à une publication sur Twitter ou Facebook n'appelant *a priori* pas de réponse et qui exprime ensuite systématiquement de la déception lorsque la personne qui a rédigé le message initial le lui fait remarquer. Le partage d'une expérience est remis en question par le *reply guy* : la personne qui témoigne n'a peut-être pas vraiment vécu ce qu'elle dit avoir vécu ? Peut-être le racisme qu'elle a vécu n'était pas vraiment du racisme ? Peut-être a-t-elle besoin qu'un type dans ses commentaires lui explique ses propres ressentis ? Peut-être que la discussion pourrait avancer si on reconnaissait que toutes les vies ont de l'importance[12] ?

Le troll et le *reply guy* ne peuvent généralement pas expliquer le résultat que leur intervention est censée produire. Ils savent seulement que le résultat réel de leur intervention les déçoit profondément et va à l'encontre de la bonne foi dont ils ont fait preuve en répondant à la publication initiale. Le mémo Google se retrouve pris dans cette même ambiguïté : quelle réponse Damore attendait-il de Google ? Quelle réaction espérait-il à la place de la réaction qui l'a si brutalement déçu ? Ce sont des questions qui devraient vraiment être prises en considération à chaque fois que l'on communique. Mais il est évident que lorsqu'on donne une valeur absolue à la communication en tant que telle, des questions particulières comme celle-ci peuvent être occultées.

***

Le problème n'est pas que les promesses de la communication sont trop idéalistes. Le problème est que la réflexion sur la communication puisse se cacher derrière son propre idéalisme – puisse masquer la façon dont nous créons du sens et ce que nous communiquons quand nous communiquons. Comme

12. [NdE] Cette phrase fait allusion à une tentative de troller le mouvement Black Lives Matter en suggérant qu'il serait en soi raciste parce que « All Lives Matter ». https:// fr.wikipedia.org/wiki/All_Lives_Matter.

le fait remarquer Peters, cette position est facile à confondre avec des formes de questionnement qui ont fini par définir ce que l'Europe et l'Amérique considèrent traditionnellement comme une argumentation solide : la parrhésie, la vérité dite au pouvoir, la maïeutique, l'épreuve du ridicule. Mais le trollage abandonne à la fois l'objectif partagé d'une communication (se convaincre mutuellement, participer à un dialogue) et l'audience commune que les orateurs rivaux tâcheraient de convaincre. Il ne reste que le sujet cynique, comme Peters le décrit : «*froid, distant et indépendant*». Le troll contrôle le moment où vous perdez le contrôle.

Le philosophe Peter Sloterdijk a un jour décrit le cynisme moderne comme une fausse conscience éclairée[13] : nous sommes capables de nous en sortir en prétendant croire à ce que nous ne croyons pas en réalité. Les descriptions du troll en cynique ultime, par Peters[14], ou en héritier d'une longue lignée d'hérétiques, par la journaliste Angela Nagle dans son livre *Kill All Normies* (2017), sont à la fois correctes et, peut-être, un peu trop généreuses. Peters et Nagle saisissent certainement un aspect de ce qu'est le trollage, mais fondamentalement, le troll est un cynique qui refoule son côté cynique. Les cyniques de l'Antiquité étaient les ennemis naturels de l'autorité de la tradition. Leurs héritiers postmodernes aiment quant à eux attaquer les traditions supposées : femmes qui écrivent dans

13. Peter Sloterdijk, *The Critique of Cynical Reason*, traduction en anglais d'Andreas Huyssen, University of Minnesota Press, 1987. (En français : Peter Sloterdijk, *Critique de la raison cynique*, traduction de Hans Hildenbrand, Christian Bourgois éditeur, 1987.)

14. La caractérisation du troll par Peters est tirée de : John Durham Peters, «U Mad?», *Logic*, n° 6 : *Play*, hiver 2018. L'article est archivé à l'adresse : https://logicmag.io/play/umad/.

des domaines traditionnellement masculins, politiquement correct, personnes transgenres traitées comme des personnes. Ils sont contents de ne pas toucher aux traditions un peu plus anciennes : suprématie blanche, androcentrisme et eurocentrisme. Les traditions et orthodoxies supposées qu'ils aiment attaquer ne jouissent pas d'une grande légitimité dans l'ensemble de l'Occident, encore moins dans le reste du monde. En d'autres termes, on pourrait soupçonner les trolls de 4chan ou Reddit de présenter une argumentation assez claire. Il se trouve que nos ironistes sont des gens fidèles.

Kill All Normies de Nagle exprime une grande perplexité par rapport à la façon dont «*la culture de 4chan, Anonymous, etc., avant le Gamergate*» a fini par se caractériser «*par une préoccupation particulièrement sinistre pour une masculinité blanche occidentale contrariée ou mise en échec*[15] ». Nagle insiste qu'elle «*aurait pu prendre la voie opposée*». Mais dans un sens, la culture troll n'a pas vraiment détourné le potentiel révolutionnaire inhérent à la culture des médias sociaux. Plutôt que de déchirer le tissu, la culture troll a minutieusement suivi les coutures et les points jusqu'à leur extrémité logique.

L'idéologie de n'importe quelle plateforme de média social conduit à se méprendre facilement sur les activités d'une personne dans cet espace en les percevant comme quelque chose d'extrêmement individualisé ; on en oublie que la plateforme est conçue pour permettre ou empêcher certaines manœuvres de communication. Comme l'explique Nick Srnicek, un chercheur en capitalisme numérique, les grandes plateformes commerciales peuvent se présenter

15. Angela Nagle, *Kill All Normies: Online Culture Wars from 4Chan and Tumblr to Trump and the Alt-Right*, Zero Books, 2017, p. 25.

« *comme des tonneaux vides pour les forces du marché* », mais en réalité elles façonnent « *l'apparence d'un marché*[16] ». Il en va de même pour les grandes plateformes de communication. Le troll exploite doublement cette situation : il tire profit du fait que la plateforme ne se contente pas de refléter passivement un « marché des idées » (si une telle chose pouvait exister), mais façonne plutôt le type de contenu qui peut y être mis en circulation. Et il profite du fait que les entreprises qui gèrent la plateforme ne peuvent pas vraiment l'admettre.

Ce n'est pas que certaines plateformes (hum, Twitter) ont tendance, par un hasard dingue et extraordinaire, à déborder de messages de trolls, de *shitposts* et d'insultes. Leur conception même fait place à ces actes de communication. Elles vivent de l'engagement des utilisateurs, c'est-à-dire de leurs échanges : non pas d'informations, mais de provocations. Le troll joue de l'instrument comme on est censé en jouer. Et le créateur de l'instrument est contraint de prétendre que ce n'est pas le cas. Il doit se contorsionner pour affirmer qu'un certain idéal platonicien de communication anime la plateforme, tout en se tenant béatement et sereinement derrière les vidéos présentant la Terre comme plate, les mèmes antisémites et les vidéos de dénonciation.

Le troll comprend cela. Il peut se voir comme une sorte de guérillero de la communication qui débusque les *libtards*, les « gauchistes attardés », dans leurs repères et les provoque. Mais un autre aspect caractérise le trollage : le sentiment que chaque message n'est pas tant un caillou dans les rouages de

16. Nick Srnicek, *Platform Capitalism*, Polity, 2017, p. 47. (En français : Nick Srnicek, *Capitalisme de plateforme : L'hégémonie de l'économie numérique*, traduction de Philippe Blouin, Lux Canada, 2018.)

la machine qu'un caillou dans l'esprit qui anime ces rouages. Edgar Allan Poe est l'auteur d'une nouvelle intitulée *Le Démon de la perversité*[17] qui décrit cette partie de nous qui, lorsque nous regardons vers le fond de l'abîme, fantasme la chute ; qui, lorsque nous sommes pressés par le temps pour terminer une tâche, se trouve obsédée par n'importe quel programme sur Netflix ; qui, lorsque nous échangeons des civilités, se demande ce que cela ferait de ne pas répondre. Poe avance que de tels moments ne relèvent pas de notre psychologie individuelle. « *Celui qui parle sait bien qu'il déplaît ; il a la meilleure intention de plaire.* » Mais quelque chose d'autre prend le dessus, quelque chose de concret, de presque physique. Il y a un peu de ce démon dans chaque troll : si je ne publie pas ceci, pense le troll, quelqu'un d'autre s'en chargera à ma place. D'une façon ou d'une autre, ce sera publié.

Et il y a un peu de ce démon en chacun de nous. Vous est-il déjà arrivé de lire une énième conversation trop sérieuse sur les médias sociaux et d'imaginer soudain la chose la plus absurde, digressive et inappropriée que vous pourriez publier ? Vous en avez peut-être ri intérieurement, vous avez peut-être été tenté l'espace d'un instant, mais la plupart du temps, vous ne la publiez jamais. C'est presque comme s'il y avait cette possibilité objective de troller, qu'importe si vous ne la mettez pas à profit, qu'importe si personne ne la met à profit. Contrairement à vous, qui utilisez votre vrai nom sur Facebook, le troll est généralement anonyme. Donc, tandis

17. Edgar Allan Poe, « The Imp of the Perverse » in *The Collected Tales and Poems of Edgar Allan Poe*, Modern Library, 1992. (En français : Edgar Allan Poe, *Le démon de la perversité et autres contes*, traduction de Charles Baudelaire, Mille et Une Nuits, 2010).

que le démon de Poe s'incarne dans ces moments où nous sommes poussés vers des actes d'autodestruction, de destruction de notre propre personne, le troll provoque toute la destruction possible sans rien engager de sa personne.

Dans le monde des jeux vidéo, le trollage est un exploit. Alors que les trolls cherchent à vous faire réagir, eux-mêmes réagissent de façon mécanique, presque comme un système d'alarme. Vous tweetez un certain hashtag, partagez un article donné, affichez l'un ou l'autre genre, employez une expression spécifique, et les voilà. Le caractère automatique de la chose, le manque de précision de leurs attaques font partie du jeu de pouvoir. C'est le sentiment de compulsion symbolisé par la terrible expression « En fait,… » : ils ne peuvent littéralement pas s'en empêcher. Lorsque la journaliste Sarah Jeong a rejoint le comité de rédaction du *New York Times* à l'été 2018, des trolls de droite ont retrouvé d'anciens tweets qu'elle avait publiés et les ont republiés hors contexte. Depuis lors, presque chacun des tweets qu'elle publie est accueilli par une pluie de commentaires la qualifiant de raciste, affirmant qu'elle déteste les Blancs, etc. Comme l'a écrit un troll en février 2019 (et je prends cet exemple parmi un nombre incalculable de messages tout aussi répugnants) : « *Vous auriez dû être virée, mais puisque ce n'est pas le cas, nous vous condamnons à la prison à vie des trolls de Twitter.* »

S'il y a quelque chose d'automatique dans la façon dont les mêmes bobards infondés accompagnent immanquablement les tweets de Jeong, c'est peut-être bien parce que les réponses sont automatisées. Mais il y a quelque chose de plus intéressant à leur sujet : il est fonctionnellement impossible de distinguer un homme blanc mécontent qui, dès qu'il reçoit une alerte lui signalant un nouveau tweet de Sarah Jeong, saute sur son smartphone pour tweeter à propos de racisme ou de *Roseanne* dans un langage mêlant grammaire approximative et logique insensée, d'un robot qui aurait été conçu pour faire la même chose. Nous pouvons voir cela comme un test de Turing inversé. Et cela fait partie de la « condamnation » que les trolls ont prononcée à l'encontre de Jeong : la « *prison des trolls de Twitter* » se compose de personnes qui se comportent délibérément comme des algorithmes.

Comme l'a soutenu Ralph Hartley[18], un des pionniers de la théorie de l'information dans les années 1920, la quantité d'informations transportée par un système de communication est un résultat direct de la liberté de choisir : un signal qui, par nécessité, doit suivre un autre signal ne peut pas transporter de nouvelle information ; il est redondant. Le troll est l'expéditeur de messages redondants par excellence. L'imaginaire qui sous-tend l'acte de trollage consiste en partie à se voir comme un membre de l'Alliance rebelle portant un coup à la structure du pouvoir et en partie à se prendre pour l'Étoile de la mort. Le troll a le sentiment d'être le fantôme dans la machine. Il est la structure de pouvoir, désincarnée, désindividualisée[19].

---

18. L'article de Ralph Hartley « Transmission of Information » a été présenté à l'occasion du Congrès international de télégraphie et de téléphonie (quel nom !) qui s'est déroulé au lac de Côme, Italie, en 1927 et publié dans le numéro de juillet 1928 du *Bell System Technical Journal*, vol. 7, n° 3. Vous le trouverez (derrière un paywall) ici : https://onlinelibrary.wiley.com/doi/abs/10.1002/j.1538-7305.1928.tb01236.x.

19. Je dois dire que j'ai eu du mal à comprendre ce que Hartley voulait dire jusqu'à ce que je lise Jimmy Soni & Rob Goodman, *A Mind at Play: How Claude Shannon Invented the Information Age*, Simon & Schuster, 2017. Hartley est examiné à partir de la page 132.

Dans son essai de 1975 « Fascinant Fascisme »[20], Susan Sontag affirme que « *l'art fasciste glorifie la capitulation ; il exalte la démission de l'esprit ; il pare la mort de prestige* ». L'esthétique fasciste identifie ce que le fascisme entend comme les forces toutes puissantes de la nature et de la société, puis fait fièrement cause commune avec ces forces. Cette esthétique s'identifie avec l'agresseur. Sontag pense à la pulsion de mort de Freud : l'idée que l'agression humaine provient fréquemment d'un désir inconscient de devenir inanimé, qu'on peut éprouver du plaisir à cesser d'être un sujet. À chaque fois que nous naviguons sur internet, nous sommes confrontés à l'objectivité d'algorithmes que nous ne pouvons pas comprendre. Le troll, lui, se prend pour la boîte noire.

Les fascistes espagnols avaient pour cri de ralliement absurde « Viva la muerte[21] », « Vive la mort ». Le troll suit une idée similaire, détruisant le moi et toute prétention à envoyer un véritable message. On nous dit souvent que tout ce qui est publié sur internet est éternel. On conseille aux jeunes de ne pas poster de photos embarrassantes sur leurs comptes de médias sociaux. Les victimes de trolls comme Sarah Jeong découvrent que l'inverse peut également être vrai, lorsqu'on

20. Susan Sontag, « Fascinating Fascism », in *Under the Sign of Saturn: Essays*, Picador, 2012, p. 73-108. (En français : Susan Sontag, « Fascinant Fascisme », in *Sous le signe de Saturne : Essais*, essai traduit par Philippe Blanchard & Robert Louit, Christian Bourgois éditeur, 2013, p. 113.)

21. Le slogan « Viva la muerte » est surtout célèbre pour avoir été lancé dans le contexte d'une confrontation entre le général José Millán-Astray et le philosophe Miguel de Unamuno en octobre 1936. Carlos Rojas a rédigé le récit le plus approfondi des détails controversés de cette journée : Carlos Rojas, *¡Muera la inteligencia! ¡Viva la Muerte! Salamanca, 1936, Unamuno y Millán-Astray frente a frente*, Planeta, 1995.

se désintéresse totalement de ce qu'on publie sur le web. Les trolls s'arrêtent, vous ciblent, et sont passés à autre chose avant même que n'ayez pu vous offenser. Les trolls sont des fantômes : au bout du compte, la seule personne qui se sent légèrement embarrassée d'avoir été entraînée dans leur jeu, c'est vous.

5.

Désir

En traînant dans les parages d'une université aux États-Unis, vous rencontrerez inévitablement des groupes de personnes intelligentes attirées par la vie intellectuelle de l'institution, mais qui n'y participent pas nécessairement. Ces groupes ne comprennent pas de membres du corps enseignant dans leurs rangs. Si certains sont présents à l'occasion, ils semblent perdus et légèrement embarrassés de se trouver là. Aucun étudiant n'assiste à leurs réunions, un fait que le modérateur ne manquera jamais de déplorer sur un ton qui laisse deviner que la faute en revient à ces jeunes. Le public présent se compose de membres de la communauté à la retraite, de personnes dont l'affiliation universitaire peut se résumer à une carte de sport, mais pas à une carte de bibliothèque, et d'individus qui se donnent généralement l'air de mécènes, même s'ils n'ont en réalité jamais donné ou soutenu quoi que ce soit.

Les préoccupations de ces cercles varient d'une université à l'autre, mais ce sont inévitablement des sujets que l'institution est trop lâche ou trop étroite d'esprit pour enseigner, à en croire les membres de ces groupes. Semaine après semaine, l'œuvre du maître est décortiquée par les mêmes universitaires invités qui ne vont pas en rajeunissant et par les mêmes dentistes retraités qui habitent les environs, ce qui est perçu comme un signe de l'iconoclasme de leur travail. Les débats sont généralement empreints d'une colère sourde. Le fait qu'ils décident de se rencontrer ici, dans le centre réservé aux anciens de l'université, dans la salle située juste derrière la chapelle, est le signe du mépris qui les frappe. Ces cercles apprécient une pensée invariablement osée et inévitablement fausse. Ils sont attirés par des théories sur tout qui finissent par n'expliquer presque rien, qui ont tendance à devenir révélatrices de leurs propres faiblesses plutôt qu'à changer le monde.

Sur le campus de Stanford, un de ces groupes est celui des girardiens, disciples de René Girard[1], un spécialiste des religions et des littératures, décédé en 2015. Girard était un évangéliste improbable pour la Silicon Valley. C'était un auteur universitaire, et pas des plus lucides. Il ne donnait pas cours sur des sujets suscitant spontanément l'intérêt de futurs

---

1. Cynthia Haven a écrit une excellente biographie de Girard : *Evolution of Desire: A Life of René Girard*, Michigan State University Press, 2018. Le portrait que Haven peint de Girard présente un homme dont la philosophie (et son aversion marquée pour la concurrence) en fait un compagnon particulièrement agréable : il était peu probable qu'il défende sa philosophie contre la cooptation, mais sans doute l'aurait-il acceptée dans une certaine mesure. Les perspectives offertes par Haven sont une des raisons pour lesquelles je me concentre sur ce que la tech (et Thiel en particulier) *a fait* de Girard, pas nécessairement sur les véritables actions ou intentions de Girard.

informaticiens et son travail ne traitait que peu de technologie. De plus, il était surtout célèbre dans sa France natale où il est devenu membre de l'Académie française en 2005, couronné de prix prestigieux et reconnu par le public.

Ses livres, dont *La Violence et le Sacré* (1972) et *Le Bouc émissaire* (1982), ont eu un large impact dans les milieux universitaires – que ce soit dans les domaines littéraires ou religieux, dans les départements d'anthropologie ou de philosophie. Mais cet impact s'est essentiellement limité aux campus universitaires et aux séminaires catholiques. Si Girard a donc de l'importance dans notre récit, c'est pour des raisons avant tout géographiques : il en est venu à figurer dans l'histoire intellectuelle de la Silicon Valley lorsqu'il a accepté une chaire au sein du département de littérature comparée de Stanford en 1981. Il a ensuite passé le reste de sa vie à Palo Alto.

Girard était un conférencier magnétique, un penseur aux intérêts variés, et les étudiants qu'il a inspirés à Stanford appartiennent à la génération qui ont fait de la Silicon Valley ce qu'elle est aujourd'hui. Certains, à commencer par Peter Thiel, ont connu une très belle réussite et ont mis leur richesse à profit pour diffuser l'évangile selon Girard. Lorsque Peter Thiel est arrivé à Stanford en 1985, racontera-t-il plus tard, « *le bruit commençait à courir dans les couloirs qu'il y avait un professeur très intéressant avec une vision du monde très différente* ». Et bien que Thiel n'ait pas gardé une très bonne opinion de l'enseignement supérieur, il semble n'avoir que de bons souvenirs de Girard, allant jusqu'à exprimer sa conviction que « *lorsque l'histoire du* XXe *siècle sera écrite vers l'an 2100, on le percevra vraiment comme un grand intellectuel* ».

La Fondation Thiel, créée en 2006, joue un rôle actif dans la diffusion de la « théorie mimétique » de Girard – c'est l'une de ses trois missions principales, avec les bourses Thiel et un incubateur pour petites entreprises. Au sein de la fondation, le groupe Imitatio finance des collections de livres, des périodiques et des conférences. Cet argent a permis aux girardiens de s'assurer une influence certaine. Ils sont bien introduits au sein de l'Institution Hoover de Stanford, riche à millions. Récemment, l'équipe d'Imitatio a fourni la couverture intellectuelle et les effectifs nécessaires à l'équipe de transition de Donald Trump – des personnes que vous pouviez croiser sur le campus de Stanford, essayant de monter des groupes de discussion sur l'œuvre de Girard, semblaient tout à coup entrer en fonction à la Trump Tower. Une trajectoire curieuse pour toute théorie académique, *a fortiori* dans les sciences humaines.

Il est par conséquent utile d'examiner ce que sont précisément les enseignements de Girard. Préparez-vous à des surprises, car même si ce qui suit est loin d'être inintéressant, le chemin qui mène de Girard à la Fondation Thiel puis à la Trump Tower ne suit pas exactement une ligne droite. Girard pensait avoir découvert que tout désir humain est mimétique – tout ce que vous désirez est le reflet du désir d'autres personnes pour ces mêmes choses. Nos désirs ne nous appartiennent pas ; ils ne naissent ni de nos seuls caprices ni d'une caractéristique donnée de l'objet désiré. Girard qualifie de « mensonge romantique » les histoires que nous nous racontons au sujet de nos désirs et au sujet de la façon dont les objets désirés ou nous-mêmes les faisons apparaître. Tous nos désirs proviennent d'un réseau de désirs copiés : nous aimons ce que d'autres aiment. Peut-être alors n'est-il pas tout à fait surprenant qu'un individu séduit par cette théorie ait perçu la valeur de Facebook lorsque Mark Zuckerberg l'a présenté pour la première fois.

Étant donné que nous désirons nécessairement les mêmes objets que d'autres personnes, les conflits autour de ces objets ne sont pas tant des accidents regrettables que des événements inhérents à la nature même du désir. Dans toutes les sociétés, le désir mimétique crée ainsi une situation permanente de compétition et de conflit. Mais chaque société trouve aussi de multiples manières de déplacer en permanence la violence produite par le désir mimétique vers de nouvelles victimes. Selon Girard, elle le fait principalement par le mécanisme du bouc émissaire : la rivalité mimétique omniprésente est déplacée vers un objet purement innocent, un agneau sacrificiel. Une grande partie des rituels et de la culture, à en croire Girard, est faite de mécanismes qui permettent d'opérer ce déplacement. Ce n'est que dans de rares cas que cette victimisation à l'infini est explicitée, et dans de plus rares cas encore que le mécanisme de déplacement est dévoilé. Crucifixion du Christ mise à part, évidemment.

Lorsque Dieu sacrifie son propre fils comme bouc émissaire, la dynamique devient spectaculairement évidente et, en un certain sens, provoque un retour de flamme. Selon Girard, elle révèle le fonctionnement du désir mimétique et ce que ses rouages font faire aux êtres humains. Et le salut promis par cette révélation consiste essentiellement en une connaissance de soi : si nous comprenons la structure de notre désir et ce qui rend cette structure si dangereuse, nous pouvons apprendre à nous en faire maîtres. On voit bien ce qu'il y a de séduisant dans cette théorie pour les théologiens et les anthropologues. Il est bien plus difficile d'imaginer ce qui a pu séduire des étudiants de premier cycle à Stanford dont le principal intérêt tourne autour des nouvelles technologies.

Le premier attrait de la théorie mimétique, c'est son caractère audacieusement syncrétique. Même pour Stanford, qui se définit depuis longtemps par des frontières disciplinaires poreuses, la pensée de Girard recouvre beaucoup de domaines. Thiel dit de lui qu'il est un des « *derniers grands généralistes à avoir été réellement intéressés par tout* ». Girard fait preuve de l'énergie qui accompagne les sauts osés par-dessus les frontières établies ou traditionnelles – d'un champ d'études à l'autre, d'une période historique à l'autre, d'une discipline à l'autre. Et il suggère que l'université n'est peut-être plus le lieu d'une telle audace. Rien d'étonnant alors à ce que le grand récit de Girard parle à un groupe d'avant-gardistes sentant que, pour réussir, il leur faudra transcender toutes sortes de frontières tracées par la tradition.

Il est une autre idée de Girard qui aurait pu inspirer Thiel, même si ce dernier n'a probablement pas eu besoin qu'on la lui souffle : les gens sont par essence des moutons. Pour Thiel, la théorie mimétique révèle et explique « *la façon inquiétante qu'ont les gens de se comporter comme un troupeau dans une multitude de situations différentes* ». Selon lui, la théorie mimétique lui a permis d'échapper à cette condition tout en lui montrant comment la manipuler. Cette idée de la grégarité humaine ne vous frappe sans doute pas par son originalité. Mais parce qu'il la tire d'une théorie de niche plutôt que de la psychologie béhavioriste, par exemple, Thiel se permet, notamment dans un entretien datant de 2009, de présenter comme un « *savoir généralement réprimé et dissimulé*[2] » ce qui est évidemment un cliché. En d'autres termes, Girard a fourni à Thiel un savoir mystique qui, une fois dépouillé de ses références et de son vocabulaire peu courants, n'est en réalité pas si différent du sens commun qui a cours dans son milieu.

Le fait que Thiel adopte Girard comporte aussi une dimension politique. Dans les années 1980, le milieu universitaire dans son ensemble abandonne les grands récits et en 1987, sous la pression de groupes militants et même du révérend Jesse Jackson, Stanford décide de supprimer sa série de cours sur la civilisation occidentale. Comme d'autres, Thiel trouve alors dans Girard un lecteur traditionnel de l'ancien canon européocentré, susceptible en outre de lui fournir, peut-être de façon involontaire, un vocabulaire nécessaire à sa réflexion sur le moment particulier qu'il vit à l'université. Girard met en garde contre des cycles de violence interminables, où la persécution pourrait être « *menée au nom de la lutte contre la persécution* ». Thiel publiera un livre entier sur la politique raciale de Stanford, *The Diversity Myth: Multiculturalism and Political Intolerance on Campus* (1995), coécrit avec David Sacks[3] (par la suite complice de l'aventure PayPal), dans lequel les auteurs déplorent ce qu'ils considèrent être une pensée de groupe qui a conduit à une persécution des étudiants conservateurs.

Mais l'œuvre de Girard présente le bon vieux canon en y ajoutant une petite touche supplémentaire. Tous les auteurs

2. L'entretien avec Thiel peut être visionné ici : https://www.youtube.com/watch?v=esk7W9Jowtc.

3. Peter Thiel & David Sacks, *The Diversity Myth: Multiculturalism and Political Intolerance on Campus*, Independent Institute, 1995, p. 191.

établis sont inclus et sont toujours jugés aussi bons, mais s'ils sont bons, c'est pour une raison toute nouvelle, jamais mise en évidence jusqu'ici. Dans *The Diversity Myth*, Thiel défend l'idée que le multiculturalisme, « *au lieu de représenter un progrès par rapport à la tradition culturelle et religieuse occidentale* », a été « *sa perversion* » ; Girard réaffirme l'importance de cette tradition culturelle tout en la disruptant.

Il existe une étrange tension dans le concept de « disruption » parfaitement perceptible ici : la disruption semble s'accompagner d'une absence totale de respect envers tout ce qui a pu exister auparavant, mais en réalité elle ne cherche bien souvent qu'à réorganiser tout ce qui existe déjà. Elle fait profondément allégeance à tout ce qui est déjà établi. Elle cherche à rendre ce dont elle hérite plus efficace, plus excitant, plus *quelque chose*, mais sans jamais s'en passer complètement. C'est pourquoi les gestes disruptifs sont toujours radicaux sans que leurs effets ne bouleversent jamais vraiment l'ordre établi : Uber affirme avoir « révolutionné » l'expérience du taxi, mais en réalité, cette expérience est demeurée essentiellement la même. Ce dont cette entreprise a réussi à se débarrasser, ce sont les emplois fixes, les syndicats et toute personne autre qu'Uber pouvant gagner de l'argent à l'un ou l'autre niveau de l'entreprise.

Girard rompt avec la tradition en se coulant précisément dans ce moule : quels que soient les penseurs ou les poètes qui ont pu vous sembler importants avant de lire Girard, ils continueront à l'être après que vous l'aurez lu. Si vous pensiez ne pas avoir besoin de lire autre chose que des hommes blancs morts, vous continuerez à le penser après avoir lu Girard. Mais grâce à lui, vous intégrerez de toutes nouvelles raisons justifiant l'importance de ces auteurs. La philosophie de Girard est, en d'autres termes, aussi disruptive que ce qu'apprécie la Silicon Valley : « *une redescription pompeuse de l'orthodoxie*[4] » selon les mots du philosophe Daniel Dennett.

Si la pensée de Girard séduit par son envergure, elle est également monomaniaque : plutôt que de s'abandonner de façon éclectique à l'un ou l'autre domaine, à l'une ou l'autre idée, il est perpétuellement à la recherche d'une sorte de code maître qui unifierait, selon lui, un vaste corpus d'œuvres littéraires, de pratiques religieuses, de mythologies humaines, de phénomènes sociétaux et d'événements historiques. À bien y regarder, derrière *L'Épopée de Gilgamesh* et *À la recherche du temps perdu* de Proust, derrière la publicité et Dostoïevski, se cachent les machinations du désir mimétique. Certes, il faut plisser les yeux pour les remarquer, mais la théorie mimétique propose une forme de réduction élégante d'une série de phénomènes dont l'hétérogénéité est autrement déconcertante.

Il n'y a peut-être rien de surprenant à ce que des adolescents et des nerds, deux groupes qui ne sont pas réputés pour leurs compétences sociales, aient pu trouver quelque chose de plaisant dans une anthropologie qui réduit la variété déconcertante de la société et de l'histoire humaine à un condensé prémâché. Une fois que vous avez compris que tout désir est mimétique, les exemples vous sautent aux yeux. Thiel lui-même relève dans une interview que la théorie mimétique lui permet de dire : « *C'est vraiment cela qui est en train de se*

4. Vous pourrez trouver l'expression « *redescription pompeuse de l'orthodoxie* » au sujet du néomystique Teilhard de Chardin dans Daniel Dennett, *Darwin's Dangerous Idea*, Simon & Schuster, 2014, p. 320. (En français : Daniel Dennett, *Darwin est-il dangereux ?*, traduction de Pascal Engel, Odile Jacob, 2000, p. 367.)

produire en ce moment. » Grâce à la théorie mimétique, vous en savez toujours plus que les personnes qui vous entourent. Et grâce à la théorie mimétique, vous n'avez plus besoin d'examiner quoi que ce soit en profondeur.

Pour adhérer aux idées de Girard, il vous faudra plisser les yeux d'une façon bien particulière. Son collègue Joshua Landy[5] s'interroge d'ailleurs avec insistance sur ce que le désir mimétique est censé être exactement. Si Girard affirmait que littéralement tous les désirs sont mimétiques, sa thèse serait facilement réfutable : qu'en serait-il des désirs qui mêlent le nécessaire (à savoir les caractéristiques propres à l'objet) au purement agréable (à savoir les caractéristiques que nous pourrions projeter sur ce même objet) ? Ne devrait-il pas y avoir un premier désir que tous les autres désirs imitent ensuite ? Ce premier désir ne serait-il pas non mimétique ? Comment décidons-nous de l'intermédiaire qui nous inspire notre désir ? Une telle décision n'impliquerait-elle pas une certaine autonomie ?

Si, d'un autre côté, Girard soutenait qu'*une grande partie* du désir est mimétique, alors nous devrions nous interroger sur les raisons pour lesquelles nous aurions besoin d'une théorie pour poser un truisme. L'idée qu'il existe des désirs mimétiques est si évidente qu'avoir une théorie à ce sujet reviendrait à avoir une théorie sur la méchanceté de certains chats. Bien sûr que c'est vrai, mais cela vaut-il un fauteuil à l'Académie française ?

5. Joshua Landy, « Deceit, Desire, and the Literature Professor: Why Girardians Exist », *Republics of Letters*, vol. 3, no 1, septembre 2012, p. 1-21. L'article peut être consulté à l'adresse suivante : https://arcade.stanford.edu/rofl/deceit-desire-and-literature-professor-why-girardians-exist.

Ce que Landy ne dit pas, c'est que cet étrange espace entre une prétendue universalité et une affirmation bien plus modeste, évidente au point d'en être un cliché, est justement l'espace dans lequel s'inscrit une grande partie des déclarations universelles que fait la Silicon Valley, ces déclarations sur ce que « l'humanité » a toujours voulu, ce dont « tout le monde » a besoin, etc. C'est être tout simplement mauvais joueur que de douter de la prétendue universalité de ces déclarations ; il est plus sympa de jouer le jeu. Autrement dit, le genre de foi que Girard exige de son lectorat est le même genre de foi qu'un grand nombre d'évangélistes technologiques ont pris l'habitude d'exiger de leurs publics. Et après tout, pourquoi ne le feraient-ils pas ? Ne serait-il pas bien plus simple et bien plus élégant si de telles déclarations étaient réellement porteuses d'une vérité *universelle* ? Si les gens avaient toujours désiré X, ou si tout Y était en réalité Z ? Les déclarations de ce type se font davantage passer pour des « expériences utilisateur » que pour des vérités affirmées.

Ce sont là les tactiques argumentatives employées dans les livres de Malcolm Gladwell et Jonah Lehrer, dans les conférences TED et dans les pitchs. Dans les déclarations qui affirment que nous avons « tendance à supposer X » quand, en réalité, une réflexion rapide nous permettrait de nous apercevoir que non, nous n'avons pas tendance à supposer quelque chose d'aussi stupide que X. Dans les déclarations qui exagèrent le résultat parfaitement plausible d'une étude pour le généraliser au point de donner une crise cardiaque à l'auteur de l'étude. Dans les déclarations qui reconditionnent des platitudes en un verbiage censé suggérer qu'elles sont totalement contre-intuitives.

Les idées de Girard sont bien plus intéressantes que celles de la Silicon Valley. Mais l'attrait qu'elles exercent sur certains penseurs pourrait bien dépendre d'une opération cognitive très similaire. Après tout, la faiblesse même des stratagèmes utilisés participe de leur attrait : nous sommes invités à jouer le jeu et, si nous ne le faisons pas, nous risquons de passer pour des rabat-joie. Tout serait bien plus agréable et élégant si cela était vrai, si telle affirmation était plausible, si telle conclusion était vraiment contre-intuitive, non ?

En fin de compte, le succès de Girard peut nous éclairer sur la façon dont la *foi* fonctionne dans la Silicon Valley. Bien entendu, il n'est pas juste de comparer la foi religieuse à la désinvolture que les gens très intelligents de la Silicon Valley semblent injecter dans des idées très stupides. Mais plus que dans presque tout autre secteur, les entreprises de la tech semblent fonctionner en s'appuyant sur des tropes et des rituels qui vous rappelleront un réveil chrétien de la foi : les phrases semblables à des mantras, les gourous messianiques, le culte du génie qui parvient à peine à dissimuler ses dimensions religieuses.

Il est parfaitement possible que Girard n'ait jamais eu l'intention de donner à sa philosophie une dimension d'anthropologie philosophique – c'est-à-dire une image de ce que sont les êtres humains. Il l'a sans doute plutôt conçue comme une théologie : une représentation du monde codépendante de Dieu. Il est certain qu'elle a davantage de sens en tant que théologie et ce n'est sûrement pas un hasard si certains des lecteurs de Girard les plus sensibles à ses idées sont membres du clergé.

Mais dans la Silicon Valley, il se pourrait bien qu'elle soit une fonctionnalité plutôt qu'un bug. Est-il possible que cette histoire ne se résume pas à une bande de geeks ne comprenant rien à la philosophie ? Se peut-il qu'ils parviennent plutôt à saisir quelque chose qui n'était pas, en réalité, proposé comme une philosophie ? Est-il possible que Thiel reconnaisse chez Girard précisément le type de catéchisme sur lequel la Silicon Valley a bâti une si grande partie de son succès ? Que cela permette aux PDG de la tech de donner corps à leur charme sacerdotal ?

Dans un entretien avec Thiel datant de 2009, Daniel Lance, qui travaille pour sa fondation, lui demande quelles leçons il a tirées de Girard en matière de gestion d'entreprises. Sa réponse est révélatrice. Il explique que, grâce à la théorie mimétique, il a appris à réfléchir « *à la façon d'éviter les conflits dans une entreprise* », à réduire les désaccords internes « *contre-productifs* ». Ce qui rend cette réponse fascinante, c'est que Thiel pense que la théorie mimétique pourrait nous apprendre comment éviter les conflits entre des désirs qui se reflètent alors même que, ne l'oublions pas, cette théorie affirme au contraire que les conflits sont pratiquement inévitables. Dans ce récit, aucun Christ n'intervient pour révéler les effets négatifs du désir mimétique. Mais de jeunes gens intelligents se regroupent pour semer des start-up. La tech nous libérera.

Ou bien serait-ce l'inverse ? Comme le suggère le journaliste Geoff Shullenberger[6], il est possible que Thiel considère la religion sacrificielle comme une technologie. Il aime définir la technologie comme une manière de « *faire plus avec moins* ». Le mécanisme du bouc émissaire peut-il être un autre moyen de

6. Geoff Shullenberger, « The Scapegoating Machine », *The New Inquiry* https://thenewinquiry.com/the-scapegoating-machine/.

faire plus avec moins ? Ou représente-t-il le dépassement de ce mécanisme ? Il est difficile de ne pas remarquer que l'entreprise qui a le plus rapporté d'argent à Thiel, Facebook, est entièrement basée sur le désir algorithmique d'évaluation réciproque et d'attribution de statut. Mais il est peut-être encore plus frappant que Thiel puisse imaginer que les mêmes mécanismes opéreront à l'autre bout de l'algorithme – chez les développeurs et les concepteurs, chez les PDG et les investisseurs.

C'est toute une vision du monde qui se trouve condensée dans cette idée. Une vision du monde où les entreprises ne vacillent pas parce qu'elles sont dépassées par la concurrence, parce que leurs efforts sont contrecarrés ou parce qu'elles connaissent une croissance trop lente ou trop rapide, mais en raison de conflits interpersonnels entre des mâles alpha qui désirent tous la même chose. Une vision du monde où ces conflits peuvent être évités si les hommes qui y participent prennent la mesure de leurs points communs. Le monde de Thiel, même lorsqu'il ne cherche pas à envoyer de véritables îles artificielles dans les eaux internationales pour s'extraire de la société humaine et de tous les problèmes qu'elle engendre, est insulaire, extrêmement hostile aux conflits et allergique à la différence. Bien entendu, ce n'est pas vraiment un obstacle lorsqu'il s'agit de choisir des investissements dans un secteur où les entreprises dirigées par une bande de jeunes Blancs appartenant à la même fraternité de Stanford peuvent gagner des milliards ou s'écrouler selon l'entente qui règne entre eux. Ce cas constitue peut-être la seule structure sociale pour laquelle la théorie de Girard serait vraie à 100 %.

Dans un séminaire donné en 2012 à Stanford, dont certaines idées ont ensuite été reprises dans le livre *De zéro à un*[7] qu'il a publié en 2014, Thiel n'était pas loin de suggérer, à plusieurs reprises, que le PDG d'une entreprise pouvait devenir la victime de mécanismes du bouc émissaire tout à fait similaires à ceux qui ont mené Jésus-Christ à sa perte. Cette idée précise n'a pas été reprise dans *De zéro à un*, même si elle transparaît dans les notes de cours prises par son coauteur, Blake Masters[8]. Mais il suffit d'écouter Thiel lorsqu'il croit se défendre des attaques portées contre lui – en particulier lorsqu'il justifie la vendetta digne du capitaine Achab qu'il a menée contre Gawker, un site d'informations et de commentaires qu'il a *de facto* contribué à fermer – pour entendre les échos de cette vision du monde. Dans des interviews accordées en 2016, Thiel décrit Gawker à plusieurs reprises comme un organe de persécution et déplore l'expérience vécue par de très nombreuses personnes riches et célèbres que le site ciblait, les qualifiant de victimes de Gawker. Il n'est pas surprenant que les idées qui permettent aux hyperpuissants de s'afficher comme des victimes soient populaires dans la Silicon Valley. Celles de Girard pourraient bien n'en être que la version la plus ambitieuse sur un plan philosophique et la plus cultivée sur un plan historique.

Cette idée que les riches et les puissants sont les vraies victimes n'est pas nouvelle. Selon Thiel, il nous est possible de maîtriser notre propre désir mimétique ; et puisque la plupart

7. Peter Thiel & Blake Masters, *Zero to One: Notes on Startups, Or How to Build the Future*, Crown, 2014. (En français : Peter Thiel & Blake Masters, *De zéro à un : Comment construire le futur*, traduction de Johan Frédérik Hel Guedj, JC Lattès, 2016.)

8. Les notes prises par Blake Masters lors du cours CS 183 sont disponibles à l'adresse suivante : https://blakemasters.com/post/24578683805/peter-thiels-cs183-startup-class-18-notes.

des autres ne développent pas un aussi bon niveau de maîtrise ou n'en ont pas une connaissance suffisante pour y parvenir, nous sommes en position de force et pouvons les manipuler grâce à la connaissance que nous avons de nous-mêmes. Les échos d'Ayn Rand et ceux, bien plus prosaïques, du gourou du développement personnel Tony Robbins sont manifestes dans cette interprétation de Girard qui réinvente l'être humain en créature déchue grâce à une astuce marketing. Nous pouvons être sauvés, puis nous nous retournons et nous monnayons les péchés des autres.

Les disciples de Girard dans la Silicon Valley ne se contentent donc pas de s'imaginer en gardiens d'un savoir ésotérique que peu d'autres élus possèdent. Ils croient également que ce savoir leur donne la capacité de diriger les autres. Les raisons pour lesquelles le milieu de la tech et le milieu universitaire – deux groupes ayant tendance à entretenir de telles désillusions – pourraient être particulièrement attirés par la théorie mimétique devraient être évidentes.

En dépit de tous les aspects de la théorie de Girard dont la Silicon Valley s'est intuitivement emparée et auxquels elle s'est accrochée, d'autres semblent avoir commodément disparu le long du court trajet menant de la Jane Stanford Way jusqu'aux sociétés de capital-risque implantées sur Sand Hill Road. Pour commencer, la théorie de Girard est inexorablement pessimiste. À ses yeux, le Christ n'est après tout pas mort pour racheter nos péchés, mais pour rendre visible l'horreur fondamentale de l'existence que nous menons. Par moments, Girard semble penser que notre connaissance de nous-mêmes nous libérera dans une certaine mesure du désir mimétique, mais il n'est pas tout à fait optimiste sur ce point.

Écoutez Peter Thiel aborder les mêmes sujets – ce qu'il fait étonnamment souvent – et vous entendrez une version totalement différente de Girard. C'est une version bien plus optimiste, et optimiste d'une manière que les étudiants assistant à un séminaire de Girard pourraient considérer comme chrétienne, mais qui a probablement fait quelques détours depuis son point de départ. Girard semble réellement allergique à la communauté humaine. Étant donné la violence qu'il perçoit en son cœur, il pourrait difficilement en être autrement. Il place son espoir de rédemption dans la connaissance de soi.

Thiel partage le dégoût de Girard pour la société, le public, la politique, mais il pense que la rédemption peut venir d'une petite entreprise bien gérée, composée d'individus partageant les mêmes idées. On est parfaitement en droit de douter que Girard ait pu voir dans la mafia PayPal une solution au désir mimétique. Mais Thiel apprécie cette même mafia PayPal au point de la sanctifier.

Les idées de Girard sont une autre passerelle entre la tech et l'université. Les girardiens peuvent déplorer la marginalité de ses théories dans les milieux universitaires ; Thiel lui-même peut le déplorer. Mais secrètement, ou pas si secrètement, cette marginalité est ce qui séduit un homme comme Thiel. Parce qu'avec Girard, vos propres intuitions sont reconditionnées en savoir ésotérique. Vous en tirez le sentiment d'être en opposition tout en restant au centre des choses. Vous vous percevez comme une victime, mais vous détenez tout le pouvoir. Et, comme nous le verrons, cela pourrait être le plus secret des désirs secrets de la Silicon Valley.

6.

Disruption

La « disruption[1] » est un de ces concepts qui allient comme par miracle le contenu de cours d'économie rébarbatifs à notre expérience quotidienne. Comme je ne suis pas économiste, je ne peux pas vous dessiner les graphiques requis. Mais puisque j'ai récemment déménagé, je peux vous décrire la sensation d'avoir une vieille calculatrice graphique TI-83 entre les mains. Je peux vous décrire ce que j'ai ressenti en donnant mon exemplaire de l'*Encyclopædia Britannica* à un magasin de seconde main solidaire : je n'ai pas ressenti de véritable tristesse, mais cette absence de tristesse a éveillé en moi une certaine mélancolie. Grâce à la technologie, grâce en particulier à la technologie proposée par la Silicon Valley, c'est un sentiment qui nous est de plus en plus familier : certains

1. L'utilisation par la tech du lexique de la disruption est brillamment analysée par Jonathan Taplin, *Move Fast and Break Things: How Facebook, Google, and Amazon Cornered Culture and Undermined Democracy*, Hachette, 2017, p. 20.

objets ont tant et si bien disparu de nos vies que nous ne trouvons même pas l'énergie de les regretter.

Le concept de disruption permet aux entreprises, à la presse ou tout simplement à des individus qui travaillent dans un bureau de Los Gatos en Californie ou derrière le comptoir d'un vidéoclub de s'exprimer sur des questions de continuité et de discontinuité. Mais que l'on défende l'un ou l'autre point de vue, celui-ci n'est jamais impartial – tout le monde est concerné par ces questions. Nous devrions faire preuve de scepticisme quand on nous affirme sans justification que quelque chose est entièrement nouveau et ne suit pas les règles établies jusqu'ici (dans le domaine des affaires, de la politique ou du sens commun). De la même façon, nous faisons preuve de scepticisme quand on nous affirme que quelque chose donnant vraiment le sentiment et l'impression d'être inédit relève en fait du statu quo.

Comme on peut s'y attendre, ces deux positions rassemblent souvent les plus sombres des pessimistes et les plus enthousiastes des supporters. Prenez par exemple l'idée que la lecture sur liseuse serait une toute nouvelle façon de lire. Un grand nombre de mes collègues adhèrent largement à cette idée et la brandissent presque tous en signe d'avertissement : revenez à notre façon de lire, disent-ils, posez ce Kindle, sinon vous serez plus stupide que les personnes qui se contentent de feuilleter un produit trouvé dans une librairie Barnes & Noble. Toutefois, leur postulat central est en accord avec celui d'Amazon et d'autres acteurs : même si vous faites pratiquement la même chose lorsque vous achetez un livre numérique sur votre Kindle et un livre imprimé en librairie, c'est en réalité une expérience totalement différente. L'avertissement de disruption émanant de mes collègues est à peu près identique à l'argument publicitaire qu'utilise le monde de la tech pour vendre le Kindle.

En revanche, l'affirmation selon laquelle une chose en apparence disruptive s'inscrit en réalité dans une continuité plus générale peut revêtir un caractère soit critique, soit profondément conservateur. À l'origine, on trouve une intuition partagée à la fois par ceux qui veulent démonter les inepties arrogantes que le secteur de la tech véhicule à son propre sujet et ceux qui sont payés pour argumenter qu'Amazon ne devrait pas être plus réglementé que votre petite librairie de quartier. Pour le dire clairement : toutes ces réponses sont parfaitement correctes… parfois. Certains aspects du secteur de la tech sont inédits (notamment la technologie) ; d'autres sont ordinaires (le secteur en tant que tel). Mais la réaction du public, de la presse et du monde politique à la technologie et à son secteur d'activité dépend de la façon dont nous percevons ce que nos catégories actuelles sont capables de saisir et ce que nous devons adapter pour qu'elles puissent le faire. La disruption est un moyen permettant de faire les deux.

Cependant, le concept de disruption renvoie également à un récit plus secret et plus fondamental de continuité et de discontinuité, un récit du capitalisme. Les changements que la tech apporte ou prétend apporter sont-ils des transformations radicales du fonctionnement du capitalisme, ou sont-ils un prolongement, peut-être un peu moins reluisant, de la façon dont il a toujours fonctionné ? Il est aisé de voir en quoi la réponse à cette question présente des enjeux si élevés pour différents acteurs : elle détermine le contrôle réglementaire nécessaire ou désirable, le rôle que les autorités ou les syndicats devraient jouer dans un nouveau secteur comme celui de la tech, la façon dont il conviendrait de parler du secteur et de ses titans.

Je me dois de me positionner dans ce débat. J'avoue être très méfiant des prétentions en matière de disruption, mais il est vrai que j'exerce une profession reposant pour ainsi dire sur l'idée que le passé est d'une grande importance et que toute perturbation majeure de celui-ci implique de passer beaucoup de temps à l'étudier. Comme l'a dit Mandy Rice-Davies lorsqu'on lui a annoncé que l'homme politique britannique Lord Astor niait avoir eu une liaison avec elle : «*C'est évident qu'il va le nier !*» Quant à moi, je vais évidemment affirmer qu'il est plus important de se soucier du passé que de n'en tenir aucun compte.

Parallèlement, je crois qu'on peut aussi affirmer qu'une partie de la rhétorique de la disruption dépend d'une compréhension et d'une représentation délibérément erronées du passé. Nous pouvons appeler cela «l'effet publireportage». Moins répandus de nos jours, les publireportages abondaient autrefois et suivaient le même modèle. Ils commençaient par une question comme : «Vous détestez quand… n'est-ce pas ?», puis ils mentionnaient un problème tout à fait mineur lié à une tâche des plus banales dont vous aviez peut-être dû vous charger par le passé, sans même en avoir la certitude. Ils offraient alors une solution révolutionnaire au problème qu'ils venaient d'inventer. Le publireportage proposait sciemment une interprétation erronnée de ce qu'il se proposait de renverser. Une des plus grandes œuvres de satire collective de l'âge de l'internet est probablement la liste des 5 875 avis (et de ceux qui ont été ajoutés depuis ou le seront à l'avenir) qui, sur Amazon, raillent la trancheuse de bananes Hutzler 571 et l'obsession pour ces solutions à la mode en quête de problèmes à résoudre.

Les publireportages sont tous conçus selon ce modèle parce qu'il s'appuie sur un sentiment d'ennui assez banal. Nous aimons que les choses soient bousculées, que les grands et les puissants soient remis à leur place. Preuve en est l'idée qu'il suffit qu'un secteur d'activité atteigne une certaine taille pour être disrupté. Ni son efficacité ni son fonctionnement ne sont remis en cause. Sa taille seule justifie la disruption. Certes, une start-up peut gagner beaucoup d'argent, mais des connotations peu subtiles venant entacher sa légitimité sont rattachées à cette idée : le simple fait que la société X, Y ou Z amasse des fortunes la rend quelque peu suspecte.

Est-ce le fruit du hasard si cette formule est fréquemment brandie par les médias de la tech quand leur crédulité est à son maximum ? Il est réjouissant de voir « le système » bousculé, les vieilles hiérarchies bouleversées, les Goliath mis à terre par des David. Dans un long entretien pour *Vanity Fair*, le créateur de Napster et petit diable juché sur l'épaule de Mark Zuckerberg, Sean Parker, s'est un jour décrit comme « *un archétype de Loki*[2] » – la disruption est un de ces dieux farceurs que tout le monde affectionne. La disruption joue de notre impatience à l'égard des structures et des situations qui semblent se reposer sur l'habitude et l'inertie, et elle joue de l'engouement de la presse pour les perdants, les rebelles,

2. Le portrait de Sean Parker réalisé par David Kirkpatrick pour *Vanity Fair* mentionnant le « *personnage de Loki* » est paru en septembre 2010 et peut être consulté à l'adresse suivante : https://www.vanityfair.com/culture/2010/10/seanparker-201010. Dans la mythologie nordique, Loki est le dieu de la malice, de la discorde et des illusions.

les outsiders. En examinant la couverture médiatique de Theranos avant l'article fatidique de John Carreyrou dans le *Wall Street Journal* et la chute de l'entreprise, vous découvrirez que peu de journalistes ont vraiment pris la peine de vérifier si les capacités de Theranos étaient à la hauteur de ses prétentions – ils s'interrogeaient plutôt sur ce qui se passerait si elle en était capable. La disruption est du grand spectacle, au contraire de l'idée que « *les choses fonctionnent comme elles fonctionnent en raison d'une certaine logique qui leur est propre* ».

***

La disruption est devenue une façon de raconter et d'expliquer le sens de la continuité et de la discontinuité. La première est souvent ignorée. Parce que le sens qu'on donne au terme aujourd'hui implique en réalité que toute continuité qui est disruptée *a mérité* d'être disruptée. Le fait même que X est aux commandes est la preuve que X ne devrait plus être aux commandes. Même si X est un médecin qui vous conseille de faire vacciner votre enfant contre la rougeole.

Le professeur de gestion Joshua Gans[3] explique que le contraire de la disruption est l'échec d'entreprises ou de personnes qui font ce qu'elles ont toujours fait. Lorsque nous parlons de disruption, nous pensons généralement aux dangers de la continuité ; nous exprimons le sentiment que la continuité fonctionne correctement jusqu'au moment où elle ne fonctionne plus. Dans une certaine mesure, le sentiment que toute stagnation est dangereuse et menace de nous faire prendre du retard est typique de la modernité – pas

3. Joshua Gans, *The Disruption Dilemma*, MIT Press, 2016.

tant d'une période temporelle spécifique que de la condition d'être moderne en vivant dans une époque moderne[4]. Charles Baudelaire décrit en ces mots la modernisation effrénée du monde qui l'entoure : «*la forme d'une ville / Change plus vite, hélas ! que le cœur d'un mortel*[5] ». Continuez à vivre comme vous vivez et, très vite, vous vous retrouverez à vivre dans le passé.

Mais plus précisément, la disruption fait écho à notre expérience du capitalisme. Si Baudelaire était choqué de pouvoir vivre plus longtemps que la forme de sa ville, il aurait été encore plus choqué de comparer la durée de sa vie à celle d'une entreprise moyenne de nos jours. Rappelez-vous toutes ces entreprises et tous ces produits que vous avez un jour considérés comme des éléments permanents et inextricables

---

4. Pour une articulation classique de la modernité comme disruption des cycles de vie traditionnels, voir : Georg Simmel, « The Metropolis and Mental Life », in *The Sociology of Georg Simmel*, traduction en anglais de Kurt Wolf, Simon & Schuster, 1950, p. 409-424. (En allemand : Georg Simmel, *Die Großstädte und das Geistesleben*, Suhrkamp, 2006.) (En français : Georg Simmel, *Les grandes villes et la vie de l'esprit*, traduction de Jean-Louis Vieillard-Baron & Frédéric Joly, Payot, 2013.) L'idée de l'expérience moderne où « *le vécu éprouvé à travers le choc est devenu la norme* » est tirée de Walter Benjamin, « On Some Motifs in Baudelaire », in *The Writer of Modern Life: Essays on Charles Baudelaire*, traduction en anglais de Howard Eiland, Harvard University Press, 2006, p. 177. (En allemand : Walter Benjamin, « Über einige Motive bei Baudelaire », in Charles Baudelaire, *Ein Lyriker im Zeitalter des Hochkapitalismus*, Suhrkamp, 2019.) (En fran çais : Walter Benjamin, « Sur quelques thèmes baudelairiens », in Charles Baudelaire. *Un poète lyrique à l'apogée du capitalisme*, traduction de Jean Lacoste, Payot, 1979).

5. Le poème de Baudelaire est « Le Cygne », un des plus célèbres de son recueil *Les Fleurs du mal* (1857). C'est un des textes ayant guidé l'étude par Benjamin du modernisme de Baudelaire. Vous pouvez le consulter ici : https://fleursdumal.org/poem/220.

de votre quotidien : ils ont malgré tout fini par sortir de votre vie et ont même disparu au fil du temps. Rappelez-vous, si vous en avez l'âge, le rembobinage d'une cassette audio avec votre petit doigt et votre désarroi devant l'absence d'étiquette correspondant au film que vous vouliez louer dans votre vidéoclub. Ou, si vous appartenez à une génération un peu plus récente, le sifflement du modem qui vous connectait à l'internet par une ligne analogique et le grincement caractéristique du lecteur de disquette.

La disruption raconte l'histoire de ces choses qui travaillent dur pour paraître éternelles, mais qui ne sont en fait que de courte durée[6]. La disruption s'intéresse aux premières secousses qui perturbent la stabilité. Pourtant, ce sentiment de stabilité ne devrait pas être complètement ignoré. Est-il purement illusoire ? Ou révèle-t-il quelque chose d'important au sujet de ces gestes, de ces actes, de ces objets qui reviennent encore et encore se faire une place dans notre quotidien ? Vous avez probablement du mal à vous souvenir de votre dernière visite dans un Blockbuster (chaîne de magasins de location de vidéos aux États-Unis) ou dans tout

6. Ce mélange étrange de modernité et de désuétude, le fait que le caractère disruptif de la modernité implique systématiquement une surabondance de ruines, de restes et de reliques, est le thème principal – même si jamais exprimé de façon très directe – du monumental *Livre des passages* de Walter Benjamin (Walter Benjamin, *The Arcades Project*, traduction en anglais de Howard Eiland & Kevin McLaughlin, Belknap, 1999 ; en particulier les passages B, C, D et I). (En allemand : Walter Benjamin, *Das Passagen-Werk*, Suhrkamp, 2020.) (En français : Walter Benjamin, *Paris, capitale du XIXe siècle : Le Livre des passages*, traduction de Jean Lacoste, Éditions du Cerf, 1997.) Pour une exploration détaillée de l'œuvre fragmentaire de Benjamin, voir : Susan Buck-Morss, *The Dialectics of Seeing: Walter Benjamin and the Arcades Project*, MIT Press, 1991.

autre vidéoclub. Mais vous vous rappelez probablement cette impression générale d'immuabilité pesante qui émanait de ces endroits. Lorsqu'il s'agit d'ordonner notre expérience du capitalisme, à tout le moins, la stabilité et l'éphémérité semblent tout aussi valides l'une que l'autre : rien n'est éternel, mais tout existe en prétendant l'être.

La généalogie de l'idée de disruption est assez étrange. Ses plus vieux ancêtres sont probablement Karl Marx et Friedrich Engels, qui ont écrit dans le *Manifeste du parti communiste* (1848) que le monde capitaliste moderne se caractérise par « *ce bouleversement continuel de la production, ce constant ébranlement de tout le système social* » de sorte que, selon eux, « *tout ce qui avait solidité et permanence s'en va en fumée*[7] ». Tandis que le monde prémoderne se définissait par quelques certitudes stables et une tradition séculaire, et qu'il était régi par d'anciennes habitudes de pensée, toutes les relations établies dans le monde moderne « *se dissolvent ; [celles] qui les remplacent vieillissent avant d'avoir pu s'ossifier* ». L'exaltation des auteurs est palpable, même si la situation qu'ils décrivent

7. Le passage du *Manifeste du Parti communiste* peut être consulté dans de nombreuses sources, dont Karl Marx & Friedrich Engels, *Manifesto of the Communist Party*, traduction en anglais de Samuel Moore, Kerr, 1906, p. 17 (en français : Karl Marx & Friedrich Engels, *Manifeste du parti communiste*, traduction d'Émile Bottigelli, Aubier-Montaigne, 1971, p. 83) ; mais la traduction (que nous utilisons ici) est également disponible en ligne à l'adresse : https://www.marxists.org/francais/marx/works/1847/00/kmfe18470000a.htm. Le passage en question a également inspiré le titre de Marshall Berman, *All That Is Solid Melts Into Air*, (Penguin, 1988), qui offre un résumé clair et de bonne facture de la pensée marxiste au sujet de la modernité et de son impact sur l'expérience du quotidien. (En français : Marshall Berman, *Tout ce qui est solide se volatilise*, traduction de Julien Guazzini avec la collaboration de Jean-François Gava, Entremonde, 2018.)

paraît déroutante et cauchemardesque. Ils n'en sont pas moins exaltés, parce qu'ils sentent que ce cycle constant de destruction et de remplacement s'accélère et va conduire à l'autodestruction du capitalisme.

Cette idée a essaimé du *Manifeste du parti communiste* au jargon entrepreneurial par l'intermédiaire de l'économiste autrichien Joseph Schumpeter (1883-1950) qui, dans un livre de 1942, invente l'expression « *destruction créatrice* ». Bien qu'on puisse difficilement le qualifier de communiste, Schumpeter emprunte le terme à Marx et l'emploie dans un sens plus descriptif qu'affirmatif. Né en Autriche, Schumpeter[8] est imprégné d'économie marxiste et des travaux du libéralisme économique classique, dont ceux de Ludwig von Mises. Il sera un des grands analystes du cycle économique, mais aussi de ses ramifications sociales. En 1932, il devient professeur à Harvard. Quelques-uns des ouvrages plus courts qu'il publie aux États-Unis donnent une idée de sa pensée globale : en 1928, il fait un discours intitulé « L'instabilité du capitalisme » et, en 1949, il donne une conférence mettant en garde contre « La marche au socialisme » lors d'une réunion de l'Association américaine d'économie. Schumpeter pense que le capitalisme conduira progressivement à une sorte de socialisme d'État, ce dont il ne se réjouit pas vraiment, mais qu'il juge inévitable.

L'instabilité du capitalisme et l'inévitabilité du socialisme sont deux idées que l'on entend rarement de nos jours lorsqu'on évoque la disruption. La disruption semble plutôt

8. Thomas McCraw, *Prophet of Innovation: Joseph Schumpeter and Creative Destruction* (Belknap, 2007) offre un bon résumé de la vie et l'œuvre de Schumpeter. Je dois cependant préciser que ma lecture de Schumpeter diverge de celle de McCraw, du moins en ce qui concerne la façon dont Schumpeter perçoit l'avenir du capitalisme.

pencher vers *davantage* de capitalisme, vers une rupture des entraves et vers une expression plus libre des forces du marché. Mais il est significatif que cette théorie ait été d'abord développée dans le contexte d'un dialogue avec un philosophe qui cherchait à montrer que le mode de production capitaliste conduit inévitablement à la révolution. Schumpeter est d'accord avec Marx sur deux points importants : l'efficacité toujours plus grande de l'exploitation capitaliste contribue à faire diminuer inévitablement le taux de profit, et le taux de profit ainsi diminué conduit à la formation de monopoles.

Marx pense que la baisse tendancielle du taux de profit condamne le capitalisme à exploiter la main-d'œuvre toujours plus durement (ouvrant ainsi la voie à la révolution). Schumpeter lui oppose l'idée de la destruction créatrice : si les marchés demeuraient uniformes au fil du temps, Marx pourrait avoir raison, mais il se trouve que ce n'est pas le cas. « *L'impulsion fondamentale qui met et maintient en mouvement la machine capitaliste est imprimée par les nouveaux objets de consommation, les nouvelles méthodes de production et de transport, les nouveaux marchés, les nouveaux types d'organisation industrielle – tous ces éléments créés par l'initiative capitaliste*[9]. » La « destruction créatrice » par le capitalisme de tout ce qui est solide sur le marché, sa tendance à secouer et redéfinir ses marchés, est ce qui explique en réalité sa continuité. Le monopoliste d'hier est soudain un concurrent parmi tant d'autres et finit bien souvent par couler totalement. Le cycle recommence.

9. Joseph Schumpeter, *Capitalism, Socialism and Democracy*, Harper & Brothers, 1942, p. 83. (En français : Joseph Schumpeter, *Capitalisme, Socialisme et Démocratie*, traduction de Gaël Fain, Payot, 1979, p. 116.)

Il aurait été assez facile pour Schumpeter de défendre l'idée que, de cette façon, la destruction créatrice assurerait la viabilité à long terme du capitalisme. Mais curieusement, dans son grand œuvre de 1942, *Capitalisme, socialisme et démocratie*, Schumpeter défend tout le contraire. Ce n'est pas nécessairement une bonne chose que le capitalisme tende vers des oligopoles qui doivent ensuite être disruptés et détruits par des challengers extérieurs ; c'est simplement la façon dont (à la suite de Marx) il pense que le capitalisme fonctionne. La deuxième partie de *Capitalisme, socialisme et démocratie* s'intitule « Le capitalisme peut-il survivre ? », ce à quoi Schumpeter répond par la négative. Après tout, la destruction constante, aussi fertile soit-elle lorsqu'on prend du recul, finira par déclencher des efforts de régulation du capitalisme. Même si la destruction créatrice est économiquement viable, l'expérience est trop perturbante sur le plan politique pour permettre au capitalisme de survivre à long terme.

D'une certaine façon, le concept de destruction créatrice sublime le concept de révolution. Étant donné que la destruction créatrice redistribue les cartes, elle prévient les processus que Marx avait prédits. Certes, le capital tend vers la monopolisation, mais il y a toujours bien quelqu'un pour venir couper l'herbe sous le pied du monopoliste. D'un autre côté, pour Schumpeter, le processus que Marx a (correctement) anticipé entraîne une destruction créatrice plutôt qu'une révolution. Si Marx avait raison et si une monopolisation de plus en plus grande conduisait inévitablement à une baisse du taux de profit et donc des salaires, nous pourrions alors nous attendre à ce que le capitalisme aboutisse à une révolution. Schumpeter pense que Marx a tort et que la destruction créatrice contrecarre à la fois la tendance à la monopolisation et la baisse du taux de profit. Mais en fin de compte, la destruction créatrice rend également le capitalisme intenable : graduellement et paisiblement (au fil des élections et du processus législatif), le capitalisme laissera probablement la place à une forme de socialisme.

***

L'essentiel du discours autour de la disruption s'inspire clairement de l'idée de la destruction créatrice, mais elle la réinterprète à bien des égards. Essentiellement, ce discours ne semble pas suggérer que les torrents toujours plus rapides de la destruction créatrice finiront par nous mener vers les eaux tranquilles d'une nouvelle stabilité, que l'hypercapitalisme nous poussera presque inévitablement vers quelque chose au-delà du capitalisme. Par contre, la disruption semble suggérer que les rapides sont tout ce qu'il y a et pourra jamais y avoir – autant nous équiper au mieux pour rester à flot. Bien souvent, le discours sur la disruption est une théodicée de l'hypercapitalisme. La disruption est une nouveauté pour celles et ceux qui craignent la véritable nouveauté. Une révolution pour les personnes qui n'ont rien à gagner de la révolution.

L'idée que le capitalisme moderne génère une vitesse de transformation toujours plus rapide, qu'il n'y a pas de fin et que le plus intelligent à faire est d'accompagner cette vitesse de transformation s'appelle l'accélérationnisme. Nick Land[10]

10. Nick Land, « A Quick-and-Dirty Introduction to Accelerationism », *Jacobite Magazine* : https://jacobitemag.com/2017/05/25/a-quick-and-dirty-introduction-to-accelerationism/.

– devenu figure de ce qu'on appelle les Lumières sombres, ou néoréaction, après avoir cofondé l'unité de recherche sur la culture cybernétique à l'université de Warwick, une des plus ambitieuses tentatives d'appliquer la *French theory* à la réflexion sur les défis de la cyberculture – pose ainsi le problème : « *Réfléchir prend du temps, et l'accélérationnisme suggère que nous manquons de temps pour y réfléchir.* » L'accélérationnisme plaide plutôt pour une soumission aux forces de l'accélération, pour un saut dans la rivière alors même que nous pouvons entendre le grondement de la cascade.

Le célèbre futurologue Ray Kurzweil avance une idée similaire : nos prédictions au sujet de l'avenir sont nécessairement construites à partir d'extrapolations linéaires des tendances passées. Mais le changement exponentiel *paraît* souvent linéaire à court terme. L'humilité accélérationniste, que Land adapte du philosophe allemand Martin Heidegger[11], est une forme extrême de quelque chose d'inhérent à l'idée de disruption. Nous devons céder à certaines transformations ; nous devons laisser des choses mourir et en accepter d'autres qui peuvent à première vue sembler inconfortables, voire déplaisantes. Nous devons faire acte de foi, nous abandonner

11. C'est assez académique, mais pour le meilleur aperçu du concept de *Gelassenheit* de Heidegger et de la manière dont il ne s'agit pas seulement d'une suspension de la volonté, mais d'une suspension de la « projection » dans le futur, voir : Bret Davis, *Heidegger and the Will*, Northwestern University Press, 2007. Cependant, Davis souligne ailleurs que Heidegger n'a pas étendu cette idée de « lâcher prise » (ou, comme le dit le philosophe allemand, de « laisser être ») à notre relation à la technologie – nous ne sommes pas censés nous reposer sur la technologie, la technologie est plutôt une forme de volonté dont nous devons nous libérer. Voir Bret Davis, « Heidegger's Releasement From Technological Will » in Aaron James Wendland *et al.* (éds.), *Heidegger on Technology*, Routledge, 2019, p. 133-148.

au sentiment que certaines évolutions sont les prémices de choses que nos catégories actuelles ne peuvent pas parfaitement appréhender. S'accrocher aux catégories, aux croyances et aux préférences déjà en place se révélera contre-productif, peut-être même activement destructeur.

Les accélérationnistes croient dans l'ensemble que les processus de destruction créatrice inhérents au mode de production capitaliste conduiront inévitablement à une transcendance du capitalisme moderne. Mais ils ne s'accordent pas sur la forme que prendra cette transcendance : sera-t-elle synonyme d'un dépérissement de l'État, le développement technologique et social contredisant enfin toute tentative gouvernementale de les contraindre ? Sera-t-elle synonyme d'une implosion du capitalisme même et de son remplacement par quelque chose de plus humain et de moins convulsif ? Ou sera-t-elle synonyme d'un dépassement de l'humain, l'humanité et les machines se précipitant vers leur indiscernabilité, par exemple vers ce que Ray Kurzweil a appelé la singularité ?

Un messianisme faible sous-tend cette idée. Il frémit du sentiment que nous avançons de plus en plus vite vers une sorte d'extase, vers un futur que l'on peut éventuellement voir aujourd'hui dans un miroir, obscurément, mais qui se révélera bientôt aussi clair que le jour. Mais pour un messianisme, il est généralement assez faible : Kurzweil[12] est un des rares penseurs à défendre l'idée qu'on ne peut raconter cette histoire sans en deviner la fin. Et son idée de la singularité est délibérément grandiose : une intelligence collective qui

12. Ray Kurzweil, *The Singularity is Near: When Humans Transcend Biology*, Penguin, 2005, p. 10-11. (En français : Ray Kurzweil, *Humanité 2.0 – La Bible du changement*, traduction d'Adeline Mesmin, M21 Éditions, 2007.)

absorberait la galaxie et ne connaîtrait plus d'extérieur, un lieu où la distinction entre l'humanité et la technologie qu'elle utilise a complètement disparu et où nous habitons les voies synaptiques de l'univers entre émerveillement et splendeur pour l'éternité.

C'est idiot, mais c'est délibérément idiot. À moins de tenter le tout pour le tout, pense Kurzweil, nous allons forcément passer à côté des changements exponentiels imaginés par l'accélérationnisme. La plupart des adeptes de la disruption n'ont pas cette franchise. Leur foi dans la disruption s'inspire d'une foi similaire dans un futur radicalement différent, mais qu'ils ne daignent pas décrire de façon trop détaillée. Ironiquement, autant la disruption fonctionne comme un moyen positif de corriger des systèmes dont la légitimité semble reposer essentiellement sur l'aura paresseuse d'une longue tradition, autant elle tire sa légitimité des premières braises timides d'un futur jamais entrevu.

L'évolution la plus manifeste du terme « destruction créatrice » est qu'il est désormais employé avec une connotation de disculpation, parfois même de célébration. La célèbre devise de Facebook « Move fast and break things[13] » dépasse la simple soumission à l'inévitabilité de l'accélération : elle fait de cette accélération un impératif éthique. Les Latins disaient que le monde « veut être dupé » ; la tech semble penser qu'il veut être accéléré. Schumpeter n'est pas du tout horrifié par la destruction créatrice, mais il la considère comme un problème

13. [NdE] Comme traductions, on peut proposer : Bougez-vous, changez tout ! ; Fonce et défonce ; On fonce et on déchire tout ! ; À fond et sans limite ; Fonce et casse la baraque ; Bouger, coûte que coûte ; Agissez vite et sans limites ; Cours et chamboule tout.

autant que comme une loi de fonctionnement du capitalisme. Dans les années 1990, la « destruction créatrice » est devenue un mot d'ordre disculpant que l'on brandit typiquement lorsqu'on veut s'opposer aux réglementations gouvernementales ou à l'opprobre publique générés par certaines pratiques commerciales. Les évangélistes du dégraissage et des OPA hostiles, comme les professeurs de commerce Richard Nolan et David Croson[14], s'appuient d'ailleurs sur ce terme.

Tandis que la « destruction créatrice » est une expression très ambivalente, le mot « disruption » est fréquemment proposé comme quelque chose qu'il convient de célébrer explicitement. La disruption mérite d'être enseignée et définie comme objectif. Et là où la perspective de Schumpeter sur le cycle économique adopte une sorte de vue d'ensemble olympienne, la disruption nous place dans les tranchées, probablement du côté des attaquants plutôt que de celui des fidèles partisans. Alors que la destruction créatrice est neutre et ne dit pas si ce qui a été créativement détruit méritait de l'être, tout ce qui est disrupté l'a bien cherché.

Mais on peut observer une évolution moins évidente de l'usage, en particulier lorsqu'on se tourne spécifiquement vers la pensée contemporaine de la disruption. Schumpeter propose la destruction créatrice comme un concept applicable au cycle économique. Des entreprises dominent le marché, sont concurrencées par d'autres entreprises qui opèrent de façon très différente, et finissent par être remplacées. Mais la rhétorique actuelle de la disruption s'applique bien souvent à d'autres choses qu'aux entreprises. C'est pourquoi Peter

14. Richard Nolan & David Croson, *Creative Destruction: A Six-Stage Process for Transforming the Organization*, Harvard Business School Press, 1995.

Thiel et d'autres sont aussi déterminés à affirmer que l'enseignement supérieur, par exemple, ou les services de santé, ou encore le gouvernement sont des oligopoles, voire des monopoles. Schumpeter aurait certainement considéré la défaite graduelle de Blockbuster face à Netflix comme un cas classique de destruction créatrice : un rival que cette entreprise n'a jamais vu venir, un rival que, même menacée, elle n'a pas pris au sérieux et dont elle a même refusé l'achat lorsqu'elle en a eu l'occasion. Mais peut-on en dire autant de l'agence de voyages, du magasin de disques ou de la pharmacie de votre quartier ? Peut-on en dire autant du service postal ou de la compagnie de bus régionale ? La disruption est un concept qui attire dans l'arène des combattants tout à fait inconscients d'y pénétrer.

La rhétorique de la disruption crée fréquemment de la solidité, de la stabilité et de l'uniformité là où elles n'existent pas. De la même façon que les jérémiades sur le politiquement correct nécessitent souvent d'inventer les restrictions et les crédos contre lesquels elles se voient engagées dans une lutte titanesque, la personne disruptrice dépeint même l'industrie artisanale la plus banale comme une Étoile de la mort contre laquelle ses courageux rebelles doivent lutter. La mésestimation, l'incompréhension ou le simple désintérêt pour l'industrie que l'on cherche à disrupter semblent, sinon conditionner, à tout le moins ne pas faire obstacle à sa disruption. Le monde est là, stupide et guidé par l'habitude. Vous venez d'avoir votre diplôme universitaire et ne disposez d'une carte de crédit que depuis trois ans. Vous êtes encore sur l'assurance auto de vos parents. Dans ce cas, le monde ne vous apparaît-il pas prêt à être disrupté ?

Friedrich Nietzsche a un jour écrit que « *toute action exige l'oubli*[15] ». Si je pouvais voir clairement ce que tout le monde a fait avant moi et ce qu'en ont été les conséquences, jamais je n'agirais. Agir avec détermination, propose Nietzsche, requiert un moment d'égocentrisme, une capacité à « *tracer autour de [soi] un horizon* », le pouvoir d'être « *supra-historique* ». La disruption est basée sur l'amnésie créatrice, sur une indifférence productive, ou du moins rentable, pour les détails. Parfois, il en résulte une Tesla Model 3. Parfois, c'est une trancheuse de bananes Hutzler 571. La façon dont le concept est employé de nos jours dénote une profonde méfiance à l'égard de tout cumul des forces du progrès. Et pourtant, même si les récits de progrès graduel ne sont pas aussi enthousiasmants que les histoires dont les protagonistes renversent l'ordre établi, ils décrivent en réalité assez bien le monde dans lequel nous vivons.

La disruption repose sur le fait de considérer comme participant au cycle économique des personnes qui soutiennent qu'elles ne font rien de tel – un autre aspect de la destruction créatrice qui conserve en réalité une grande partie de son ADN marxiste. Et elle repose sur une extension du sens des termes « monopole » ou « oligopole ». Les grandes compagnies de taxi dominaient-elles autrefois le transport privé, ou s'agissait-il de milliers de taxis individuels qui parvenaient à peine à joindre les deux bouts ? Yelp a-t-il disrupté l'oligopole de

15. Friedrich Nietzsche, « On the Use and Abuse of History », traduction en anglais d'Adrian Collins, Bobbs Merrill, 1957, p. 6-7. (En allemand : Friedrich Nietzsche, *Vom Nutzen und Nachteil der Historie für das Leben*, Diogenes Verlag, 1997.) (En français : Friedrich Nietzsche, *Seconde considération intempestive : De l'utilité et de l'inconvénient des études historiques pour la vie*, traduction de Henri Albert, Flammarion, 1988, p. 77-82.)

personnes ayant une opinion ? Le terme « disruption » fixe sous une forme monolithique les petits détails du quotidien, transforme en colosse des structures et organisations qui sont anciennes, se sont développées naturellement et sont par conséquent relativement éparpillées et décentralisées.

Pensez à l'alchimie particulière qui se produit lorsqu'on parle de la façon dont Google a disrupté le paysage médiatique : d'un coup, cette société qui vaut des centaines de milliards de dollars devient une entreprise donnée perdante, mais combative, et un magazine de 40 employés devient un grand méchant monopoliste. De façon plus générale, ce problème d'échelle est central dans le secteur de la tech. Nous abordons l'économie avec un certain sens des proportions. Nous savons à quoi ressemble l'iconographie de la puissance économique. La réussite de la tech repose essentiellement sur le fait qu'elle perturbe ce sens des proportions et rejette cette iconographie.

La dernière distorsion introduite par la rhétorique de la disruption concerne les bénéficiaires du soutien de la société et de l'État. Pour Schumpeter, la destruction créatrice provient de challengers qui sont capables d'étendre ou de modifier spontanément les règles du jeu. Mais que se passe-t-il lorsque la disruption elle-même s'institutionnalise ? Les courageux rebelles d'aujourd'hui sont financés par des milliardaires, peuvent s'endetter massivement si le besoin s'en fait sentir, sont soutenus par des organismes de réglementation que leurs camarades des écoles de commerce ou eux-mêmes contrôlent depuis longtemps, et sont encouragés dans leurs attaques par des personnes qui ont toujours cherché à se débarrasser des syndicats et de la réglementation. Ce ne sont des outsiders que dans un sens très limité ou, pour dire les choses simplement, ils ne sont pas plus outsiders que le cheval de Troie n'était réellement un cadeau aux Troyens.

Lorsque nous considérons une entreprise comme Blockbuster, nous pouvons difficilement l'encourager à croire que son marché restera immuable. Mais il est tout aussi étrange de considérer des entreprises comme Uber et de les encourager à croire que les lois finiront bien par s'adapter en vue de soutenir leur modèle économique. Car à la suite de son coup de tête supra-historique, le disrupteur s'attend à ce que le monde s'adapte au pur génie de son idée plutôt que son idée ait à se conformer au monde d'une façon ou d'une autre.

Lorsque Jim Cramer invite Elizabeth Holmes dans son émission[16], *Mad Money*, après que les allégations contre Theranos ont été rendues publiques, elle répète un aphorisme prêté à Steve Jobs (une infâme citation en libre circulation et dont des variantes ont été attribuées à tout le monde, depuis Gandhi jusqu'à Arthur Schopenhauer) : « *Pour commencer, ils vous croient folle et s'en prennent à vous. C'est alors que vous changez le monde.* » Au pied du mur, Holmes se réfugie dans une sorte de sagesse héritée, mais cette sagesse semble s'être largement inspirée des posters de chambres universitaires. Quand bien même, cette phrase n'en est pas moins lourde de sens.

Comme à son habitude, Holmes reste assez vague sur ceux qu'elles désignent par « ils », mais d'après le contexte, il semble probable que ces défaitistes appartiennent à l'agence américaine de l'alimentation et du médicament (FDA), aux services d'assurance-santé Medicare et Medicaid (CMS), et à la

16. L'interview d'Elizabeth Holmes par Jim Cramer, avec tout ce qu'elle a de dérangeant, se trouve à l'adresse https://www.youtube.com/watch?v=rGfaJZAdfNE.

commission américaine de réglementation et de contrôle des marchés financiers (SEC). En réalité, elle ne dit pas que la technologie fictive de Theranos va changer le monde ; elle attend que le monde fasse de la technologie fictive de Theranos une réalité. Non pas qu'on donnera raison à Theranos, mais que l'environnement réglementaire devra s'adapter à la façon dont Theranos gère ses affaires. Elle reproche aux organismes de contrôle réglementaire ce qu'ils ont découvert, l'insistance lâche avec laquelle la FDA demande que la technologie produise les résultats annoncés au lieu d'adresser aux patients des diagnostics erronés.

Son espoir n'est pas aussi fou qu'il y paraît ; après tout, c'est ainsi que cela a fonctionné dans bien d'autres domaines. Ce n'est pas tant que la tech a changé les règles, mais plutôt qu'elle s'est emparée des normes qui régissent le domaine. Et la « disruption » renvoie probablement aussi à cette disruption de nos jugements et de nos catégories. Mais c'est le privilège du disrupteur. Chaque fois que des disruptés suggèrent qu'ils aimeraient que le monde s'adapte pour assurer leur survie, on leur rétorque que c'est un signe de leur faiblesse et de leur résistance au changement. Ce double standard s'applique également à une autre devise de la Silicon Valley : voulez-vous « échouer mieux » et « échouer vite » ? Eh bien, votre capacité à échouer et le sens donné à votre échec dépendront en grande partie de votre identité.

7.

Échec

LA SILICON VALLEY PENSE avoir tout compris à l'échec. La tech possède une grande tolérance pour les choses qui ne se passent pas comme prévu – son amour des décrocheurs en est la meilleure preuve. Cela peut être inspirant, mais également frustrant. Il est encourageant de voir que des gens obtiennent un emploi puis le perdent, avant d'en trouver un nouveau ; que d'autres créent des produits auxquels personne n'adhère, puis tentent d'en créer de nouveaux. En revanche, il peut être décourageant de voir que des gens investissent dans des sociétés faisant l'objet d'une enquête de la part de la commission américaine de réglementation et de contrôle des marchés financiers (SEC), avant d'investir dans de nouvelles sociétés ; que d'autres peuvent même mentir au nom d'une entreprise comme Theranos et s'en sortir pratiquement indemnes. Dans la Silicon Valley, semble-t-il, aucune expérience n'est négative.

Dans un secteur d'activités où, à la condition d'obtenir un financement en capital-risque, on vit, on meurt et on renaît selon la courbe en J, l'échec est effectivement la norme. Mais si la grande fréquence et la totale insignifiance de l'échec sont inhérentes à la façon dont l'argent circule dans la Silicon Valley, l'aisance avec laquelle cette idée est acceptée semble s'être encore renforcée au XXIe siècle : après le coup de massue provoqué par l'éclatement de la bulle internet, après que cette même presse qui avait accompagné avec crédulité l'ascension quasi irrésistible de la tech s'est d'un coup mise à relayer son déclin avec tout autant de crédulité, le secteur de la tech a fait de l'échec le moteur de sa résurgence.

En 2008, Cassandra (Cass) Phillipps fonde FailCon après la faillite de la start-up pour laquelle elle travaille. Ayant débuté dans le théâtre et l'événementiel, elle a l'idée d'organiser des conférences, parce qu'elle est frustrée de ne pas pouvoir s'exprimer sur son sort et celui de ses collègues. C'est justement pour répondre à ce besoin qu'elle crée FailCon. Le moment choisi est étrange sans l'être. En 2008, l'échec est partout : il touche d'abord les prêts et les hypothèques, puis les entreprises accordant ces prêts et ces hypothèques, puis les entreprises assurant ces prêts et ces hypothèques ; l'expression « too big to fail » (« trop gros pour faire faillite ») est dans tous les bulletins d'information. Mais la faillite n'est pas aussi omniprésente dans la Silicon Valley, et lorsqu'elle s'y produit, le capital en panique afflue du monde entier et vient amortir le choc pour vous permettre de recommencer.

Pourtant, comme le découvre Phillipps[1], ses conférences touchent une corde sensible : elle reçoit bien des messages

1. Les citations de Cass Philipps proviennent en grande partie d'une interview que j'ai réalisée avec elle en mars 2019. Les citations de personnes du secteur proviennent d'entretiens avec un avocat spécialisé dans

d'insulte l'accusant de ternir le lustre fraîchement retrouvé du secteur. Mais, comme elle l'explique aujourd'hui, « *quelque chose dans l'air du temps rend le récit de l'échec important et séduisant* ». La tech est alors en plein boom ; la Silicon Valley semble être la seule exception dans une crise économique générale, et pourtant on est enfin prêt à « *commencer à parler des difficultés inhérentes au secteur* ». FailCon n'est qu'un événement parmi tant d'autres. Il y a aussi FailFair. Il y a les Fuckup Nights, qui sont purement et simplement des scènes ouvertes pour parler de l'échec.

Aucun cliché ne résume peut-être aussi bien cette relation particulière à l'échec que la devise que l'on retrouve partout et qui appelle à « échouer mieux » *(fail better)* la prochaine fois. Même en regard des concepts, idées et mots à la mode explorés dans les précédents chapitres, le succès rencontré par l'expression « échouer mieux » dans les séminaires de la d.school et les réunions d'entreprises est vertigineux. Il est également très instructif. Sans surprise, la façon dont l'expression est couramment employée se méprend sur le texte dont elle est tirée. Or, si l'on veut examiner la pensée selon la tech, il est intéressant de se pencher dans ce dernier chapitre sur la méprise du texte dont est tiré « échouer mieux » et sur le fait que ce texte d'origine semble se prêter à la méprise et à l'interprétation que la Silicon Valley choisit d'en faire.

L'expression « échouer mieux » provient d'un des textes les plus récents que j'examine ici. Samuel Beckett (1906-1989),

les fusions et acquisitions, un fondateur de start-up et deux investisseurs en capital-risque qui préfèrent rester anonymes. Certaines parties de ce chapitre sont basées sur un essai que j'ai publié dans le numéro *Failure* du magazine *Logic* : Adrian Daub, « The Undertakers of Silicon Valley », *Logic*, n°5 : *Failure*, https://logicmag.io/failure/the-undertakers-of-silicon-valley/.

le dernier grand moderniste irlandais, écrit *Cap au pire*, une de ses dernières nouvelles, en 1983. Le titre anglais, *Worstward Ho!*, est un jeu de mots sur l'expression ancienne « Westward Ho! » (« Cap à l'ouest ! »), qui est également le titre d'un roman de 1855 évoquant une expédition vers le Nouveau Monde. « Westward Ho! » symbolise l'esprit européen d'expansion, tandis que « Worstward Ho! » parodie cet esprit. Comme presque toute l'œuvre de Beckett, c'est une méditation sur l'incompréhension, l'échec et la résignation. La rythmique du texte berce le lecteur. Alors que l'expression « Westward Ho! » projette le lecteur dans la distance, les phrases de Beckett ont tendance à déferler avant de revenir en arrière, telles des vagues s'écrasant sur le rivage. Une lecture à voix haute rend ce mouvement perceptible : « *Déjà essayé. Déjà échoué. Peu importe. Essaie encore. Échoue encore. Échoue mieux*[2]. »

Si l'on extrait « échoue mieux » de ce contexte, la première chose que perd l'expression, c'est son cadre rythmique. « Échoue mieux » fait écho aux autres petites phrases qui composent le passage et qui forment ensemble comme une vibration dans le texte de Beckett. Cette vibration, plus que n'importe quelle intrigue (*Cap au pire* ne semble d'ailleurs pas en avoir), et la façon dont ces phrases se répondent constitue la principale ligne directrice du texte. Nous ne pouvons pas non plus ignorer un élément thématique important dans le contexte original de l'expression « échoue mieux » : la cadence chantante de la prose de Beckett montre qu'échouer mieux ne conduit pas à un éventuel succès. Toujours essayer et toujours

2. Samuel Beckett, « Worstward Ho! » in *Nohow On*, Grove, 2014, p. 90. (En français : Samuel Beckett, *Cap au pire*, traduction d'Édith Fournier, Éditions de Minuit, 1991, p. 8.)

échouer, il n'y a rien d'autre. En fait, tout le texte porte sur la façon dont l'échec conduit non pas à un éventuel salut, mais à une frustration inéluctable. (La visite d'un cimetière sert de cadre au récit de *Cap au pire*.)

L'origine de la citation a-t-elle de l'importance ? Dans le contexte d'une analyse de la pensée selon la tech, oui. Tout d'abord, parce que la manière dont elle est citée est profondément révélatrice de la façon dont la Silicon Valley cite les idées en général. Il vous faut ignorer tout un registre et tout un contexte pour qu'« échouer mieux » prenne une dimension motivante. Ensuite, le détournement particulier de la citation évoque certaines idées auxquelles Beckett s'intéresse fortement, mais dont la tech a du mal à parler. Paradoxalement, la chose même que recherche Beckett – l'échec comme condition de la vie, l'échec isolé de l'aura rétrospective d'un éventuel succès – se retrouve presque éradiquée par la nouvelle tolérance envers l'échec. En supprimant la douleur de l'échec, la version d'« échouer mieux » que propose la tech élimine les aspects que seule cette douleur particulière pourrait nous enseigner.

C'est Mark Zuckerberg qui a peut-être le mieux résumé l'évangile d'échouer mieux selon la Silicon Valley dans son discours à la promotion 2017 de Harvard[3] : « *J. K. Rowling a essuyé douze refus avant de publier* Harry Potter. *Même Beyoncé a dû enregistrer des centaines de chansons avant de sortir "Halo".* » Des listes de ce genre sont partout dans la Silicon Valley, et ne veulent absolument rien dire. Après tout, le rejet

3. Une transcription du discours donné par Mark Zuckerberg à Harvard est disponible ici : https://qz.com/992048/mark-zuckerbergs-harvard-speech-a-full-transcript-of-the-facebookceos-commencement-address/.

peut aussi bien signifier qu'on devrait continuer ou qu'il faut maintenant s'arrêter.

Les chiffres cités impressionnent uniquement les personnes qui n'appartiennent pas aux domaines dont ces chiffres sont tirés. Quiconque a écrit un roman vous dira que le fait de n'avoir essuyé que douze refus est le signe qu'un agent littéraire très doué est intervenu dans l'équation. Et l'écriture d'une centaine de chansons avant de sortir un tube serait probablement un excellent ratio pour la plupart des membres de l'industrie musicale. Les histoires de ce type réécrivent en récit du salut un processus de tâtonnement des plus courants dans notre culture. C'est ainsi que, ironiquement, l'expression « échoue mieux » se retrouve privée du « mieux ». Cass Phillipps s'est rendu compte que plus FailCon prenait de l'ampleur, plus « *il était bien vu de partager les récits post-mortem de ses fiascos* », mais « *surtout pas avant d'avoir retrouvé le succès ailleurs* ». Les leçons tirées des conférences FailCon auraient pu porter sur l'échec, mais elles se sont de plus en plus centrées sur le succès. L'idée initiale qui faisait tout l'intérêt de FailCon et d'autres événements de ce type consistait à s'attarder sur l'expérience même de l'échec, sur l'instauration d'une discussion franche à propos de l'échec alors même qu'on est en train d'échouer, ou du moins qu'on n'a pas encore réussi. Mais c'est là quelque chose que FailCon n'a pas réussi à proposer.

De façon quelque peu ironique, FailCon est alors devenu la victime de son propre succès. En 2014, Phillipps annule FailCon San Francisco, expliquant au *New York Times*[4] :

4. L'article du *New York Times* sur Cass Philipps et FailCon est disponible à l'adresse suivante : https://www.nytimes.com/2014/11/09/business/wearing-your-failures-on-your-sleeve.html.

« *vous allez échouer, c'est couru d'avance* ». Un événement conçu comme un antidote aux conférences hagiographiques de développeurs et aux grand-messes de l'entrepreneuriat tech telles que TechCrunch Disrupt devenait en fin de compte un prolongement de ces événements. Ces conférences se sont révélées emblématiques de la récupération de l'échec par les classes dirigeantes : elles aussi avaient envie de monter sur scène pour expliquer que, comme tout le monde, elles avaient connu des temps difficiles, mais juste après, elles retrouvaient les rues cossues d'Atherton au volant de leur Model X hors de prix. S'il était important de corriger la situation en lançant la discussion autour de l'échec, cette discussion s'est retrouvée phagocytée par le système.

Vers l'époque où Phillipps décide de supprimer FailCon San Francisco, Elizabeth Holmes affiche une citation de Michael Jordan dans les locaux de Theranos à Palo Alto : « *J'ai raté plus de 9 000 tirs dans ma carrière. J'ai perdu près de 300 matchs. À 26 reprises, on m'a confié le tir décisif du match et je l'ai manqué. J'ai échoué encore, encore et encore tout au long de ma vie. Et c'est pour cela que j'ai réussi*[5]. » L'entreprise fétichise le discours sur l'échec : son produit phare, un analyseur pour tests sanguins appelé Edison, tire son nom d'une célèbre citation de Thomas Edison (probablement attribuée à tort) : « *Je n'ai pas échoué 10 000 fois. J'ai découvert 10 000 façons de faire qui ne fonctionnent pas.* » Comme pour presque tout ce qui est associé à Theranos, cette obsession de se tromper semble

5. Il s'agit d'un passage tiré de John Carreyrou, *Bad Blood: Secrets and Lies in a Silicon Valley Startup*, Knopf, 2018. (En français : John Carreyrou, *Bad Blood : Scandale Theranos, secrets et mensonges au cœur de la Silicon Valley*, Larousse, 2019.)

parfaitement ironique – non pas parce que la start-up a fini par échouer, mais parce qu'elle n'a en réalité même pas joué le jeu. Quels tirs a-t-elle tentés qu'elle aurait pu rater ? Quelles façons de faire a-t-elle découvertes qui ne fonctionnent pas ? Grâce à l'incroyable secret entourant Theranos et grâce à sa machine de guerre juridique, ce sont des informations auxquelles nous n'avons pas eu accès mais que le tribunal de San José (Californie) a été chargé de découvrir[6].

Le détournement de la phrase « échoue mieux » de Samuel Beckett et les citations de Jordan et d'Edison ont pour point commun leur formulation : ce sont des exhortations à s'améliorer adressées à un individu unique. Elles paraissent déplacées dans le hall d'une grande entreprise et plus appropriées aux chambres des étudiants de première année où une personne seule peut les regarder de temps à autre en versant des larmes de frustration. Les créateurs, inventeurs et investisseurs de la Silicon Valley adoptent souvent la première personne du pluriel lorsqu'ils parlent en réalité d'eux-mêmes – même s'il est difficile de déterminer sur la base de leurs déclarations s'ils utilisent le « nous » de majesté ou s'ils s'imaginent entourés en permanence d'une équipe fantôme. En d'autres termes, ils aiment passer de l'individuel au collectif sans que cela semble toujours légitime – or, cette légitimité peut sans aucun doute être remise en cause en ce qui concerne l'échec.

L'accent mis sur l'individuel est important. Si ces citations motivantes s'inscrivent dans un récit du salut, c'est celui d'un salut individuel. Les philosophes débattent encore de l'idée

6. [NdE] Le tribunal de San José a rendu son verdict le 3 janvier 2022, accusant Elizabeth Holmes d'avoir construit son entreprise sur une arnaque.

que certains aspects de l'existence humaine vont en s'améliorant. Mais aucun ne pense que nos existences individuelles suivent une trajectoire ascendante. En tant qu'espèce, nous pourrons peut-être à l'avenir faire des choses que vous et moi ne pouvons même pas rêver de faire aujourd'hui, mais en tant qu'individus, nous voyons la fenêtre de l'autotranscendance se refermer à peu près au moment où nous entrons dans l'âge adulte. Le progrès sociétal tend plutôt à vider nos échecs individuels de leur sens. Pensez à la dernière génération morte d'une maladie avant que celle-ci soit éradiquée. Pensez à la dernière femme brûlée vive pour sorcellerie avant que les mentalités évoluent. Les platitudes sur Michael Jordan ou J. K. Rowling reposent sur l'idée que nous sommes toutes et tous des Michael Jordan ou des J. K. Rowling.

Ce n'est pas cette fonction que ces affiches devraient remplir. En 1818, le philosophe allemand Hegel affirme qu'en considérant l'histoire, qu'il qualifie d'« *abattoir auquel sont conduits, pour y être sacrifiés, le bonheur des peuples et la sagesse des États et la vertu des individus*[7] », une question s'impose à nous : « *à qui, à quelle fin ultime ces sacrifices des plus monstrueux sont-ils apportés ?* » Tous ces échecs et ces naufrages monumentaux ont-ils pu en valoir la peine parce qu'ils servaient un but plus grand ? C'est une idée courante, fascinante et souvent très controversée dans l'histoire de la philosophie. Mais ce n'est pas du tout l'idée qui se cache derrière « échoue mieux ». Même si elles ne précisent pas que vous – oui, vous – pourriez

7. La citation de Hegel est tirée de G. W. F. Hegel, *The Philosophy of History*, traduction en anglais de John Sibree, Colonial, 1899, p. 21. (En français : G. W. F. Hegel, *Introduction à la philosophie de l'histoire*, traduction de Myriam Bienenstock & Norbert Waszek, Librairie générale française, 2011, p. 65.)

écrire un jour la chanson « Halo », les platitudes motivantes devraient préciser à quelle fin servent nos considérables sacrifices. C'est ce qu'on appelle de l'utopisme et, malgré l'obsession de la tech pour l'avenir, c'est un sujet avec lequel le secteur n'est pas à l'aise. Parce que l'utopisme est politique : il énonce ce qui existera et n'existera pas dans l'état bon, vrai et juste qu'il appelle de ses vœux. La tech préfère le faible utopisme de ses fondamentaux : mettre tout le monde dans des voitures autonomes ou, disons, envoyer l'humanité sur Mars, ou encore vous livrer un burrito en moins de 30 minutes.

Si la Silicon Valley a apprivoisé l'échec, elle l'a fait dans le cadre d'une éthique de développement personnel. Elle s'intéresse à la façon dont l'échec peut rendre un individu meilleur et le langage qu'elle emprunte présente l'échec comme une voie vers une éventuelle rédemption. Le processus du *design thinking*[8] enseigné par la d.school de Stanford comporte cinq étapes : empathie, définition, idéation, prototype et tests. C'est à la quatrième étape, la création du prototype, que l'échec est le plus important : il faut « échouer rapidement » et « recommencer rapidement ». C'en est fini de l'empathie et de l'idéation; seules comptent maintenant vos propres attentes à votre égard. Le cours le plus populaire sur cette méthode s'intéresse très peu aux gadgets ou aux sites web. Intitulé « Designing Your Life » (« Construisez votre vie »), il est donné par Dave Evans et Bill Burnett. Le cours et le livre à succès qui en est dérivé, *Designing Your Life : How to Build a Well-Lived,*

8. Lee Vinsel, « Design Thinking is Kind of Like Syphilis – It's Contagious and it Rots Your Brain », *Medium*, 6 décembre 2017 : https://blog.usejournal.com/design-thinking-is-kind-of-like-syphilis-its-contagious-and-rots-your-brains-842ed078af29.

Joyful Life (2016)[9], reposent sur l'idée que « *la problématique design la plus intéressante, c'est votre vie* », comme l'explique Burnett dans une conférence TEDx.

Il est utile de noter que le cours, connu sous le nom de d.life, ramène le *design thinking* dans une sphère qui a très clairement inspiré un grand nombre de ses idées à la base, mais que le domaine a souvent dissimulée sous un jargon foisonnant. Il se trouve qu'une grande partie du *design thinking* concerne depuis toujours le développement personnel – avec un accent particulier placé sur le *personnel*. Malgré tous les beaux discours sur l'empathie (qui est, ne l'oublions pas, la première étape du *design thinking*), l'accent est généralement placé sur le moi créatif : dans la pratique, l'étape de l'empathie consiste à effectuer des observations très minimales des autres personnes en action et éventuellement à filmer leurs interactions avec un objet ou un espace. On pourrait de façon peu charitable la décrire comme l'idée qu'une personne non empathique se fait de l'empathie.

La sociologie considère depuis longtemps le phénomène du développement personnel comme une réponse à une forme de solitude particulièrement moderne et capitaliste. Depuis les conseils de Dale Carnegie pour commerciaux esseulés jusqu'à *Qui a piqué mon fromage ?* de Spencer Johnson (1998), la littérature du développement personnel propose de façonner des vies qui ont perdu le sens de l'orientation et celui de l'intégration ; des vies dont les coordonnées et les points fixes paraissaient auparavant objectivement valides, mais qui, de façon inquiétante, semblent désormais dépourvues d'attaches.

9. Bill Burnett & Dave Evans, *Designing Your Life: How to Build a Well-Lived, Joyful Life*, Knopf, 2016.

Plus nous nous éloignons des normes communautaires et d'un cercle restreint dont les opinions nous offraient une forme de validation, plus nous nous retrouvons face à nous-mêmes, solitaires, sous le regard froid et impitoyable de la société – et nous cherchons à obtenir une validation à travers ce que nous consommons, la façon dont nous décorons nos maisons, dont nous prenons soin de nous et ainsi de suite. Le développement personnel consiste bien souvent à affirmer notre autonomie, non pas en rejetant des normes sociétales ou notre situation historique, mais en les comprenant mieux que d'autres individus dans la société, et donc en ayant une longueur d'avance sur celles et ceux qui partagent notre situation.

Mais d.life n'a peut-être pas autant d'intérêt comme projet de développement personnel que comme arsenal d'astuces discursives permettant d'éluder ce fait. Comme beaucoup de méthodes de développement personnel, elle s'inspire de la psychologie populaire. Plus précisément, une grande partie de ses opérations centrales sont empruntées à la thérapie cognitivo-comportementale (TCC). Selon l'historien Lee Vinsel, le concept de « recadrage » est simplement un transfert direct de l'idée courante dans la TCC selon laquelle nous devons remettre en question nos « schémas de pensées négatifs ». Il est possible que nous habitions une version déformée du monde qui nous entoure et que nos mécanismes d'adaptation se retournent contre nous ; la TCC promet de recadrer nos relations et les habitudes grâce auxquelles nous gérons ces relations.

Si la TCC est devenue si influente, c'est en partie parce qu'elle s'attaque à des idées assez anciennes sur la nature humaine. Elle est empreinte d'un stoïcisme prononcé, mais aussi d'une éthique du travail très américaine : avec de la volonté, tout individu peut adapter ses comportements pour percevoir plus justement sa personne et son environnement. Mais surtout, la TCC associe ces idées très anciennes à des intuitions bien plus récentes : l'idée que des personnes puissent être programmées et, plus important encore, reprogrammées. Le *design thinking* renvoie en quelque sorte cette forme de pensée dans la sphère technologique dont elle est issue. Autrement dit, dans le *design thinking*, le travail sur soi et la programmation ne font qu'un.

Mais si ces idées proviennent de la TCC, le vocabulaire employé pour les décrire semble provenir de domaines un peu moins traditionnels. Ainsi, le terme « recadrer » vient de ce qu'on appelle la programmation neurolinguistique (PNL). L'idée d'une psychologie cybernétique apparaît après la Seconde Guerre mondiale, alors que la cybernétique et la théorie de l'information commencent à remodeler de nombreuses disciplines. Dans les années 1970, plusieurs étudiants de Gregory Bateson créent le champ de la programmation neurolinguistique. Associée avant tout à Richard Bandler et à John Grinder, la PNL retient encore de son influence aujourd'hui, même si elle est largement considérée comme une pseudoscience. Bien que ses praticiens résistent à la codification de leur enseignement, l'idée de base est que nous pouvons reprogrammer des schémas comportementaux en modifiant nos processus mentaux et le langage que nous employons lorsque nous y réfléchissons. Quand ils parlent de « programmation », c'est de façon très littérale, en déclarant que, dans la communication, il n'y a pas d'erreur possible – tout est feedback.

L'accent placé sur l'échec est un nœud central par lequel, semble-t-il, la Silicon Valley traduit des concepts informatiques en théories psychologiques – ou, selon ses critiques, en platitudes du développement personnel. La mythification de l'échec transforme comme par magie l'empathie en regard sur soi. Et il s'avère qu'entendre « échoue mieux » hors contexte vous permet de recadrer votre nombrilisme en posture d'humilité.

***

À la décharge de Mark Zuckerberg, son discours lors de la cérémonie de remise des diplômes à Harvard en 2017 mentionnait bien le plus grand problème inhérent à cet évangile de l'échec : que son bon fonctionnement présuppose un sujet parfaitement jeune, blanc, valide, de classe moyenne (et en dépend). « *Les plus grands succès viennent de ce qu'on dispose de la liberté d'échouer* », a-t-il ainsi déclaré, avant d'ajouter peu après : « *Je connais beaucoup de personnes qui n'ont pas suivi leurs rêves parce qu'elles ne disposaient pas d'un filet de sécurité qui les protégerait en cas d'échec.* »

Zuckerberg dit vrai : dans le capitalisme américain au sens large, mais de façon encore plus flagrante dans le secteur de la tech, le sens de l'échec dépend de la personne qui échoue. Pour la tech, l'échec est toujours supposé temporaire ; pour le reste du monde, il est définitif. Les compagnies de taxi qui font faillite parce qu'elles perdent de l'argent ? C'est la destruction créatrice, mon ami : tu marches ou tu crèves. Uber perd des montagnes de liquidités ? Eh bien, ce n'est que le signe du caractère visionnaire de l'entreprise. Ces jugements inégaux justifient l'exploitation des personnes travaillant en dehors du secteur de la tech – voire dans certains cas, l'exploitation de celles travaillant au sein même du secteur. Après tout, dans un monde où tout échec est supposé temporaire, il existe forcément des solutions que le personnel des start-up n'a pas encore mises à profit. Plutôt que de se retourner contre l'entreprise qui lui a promis des stock-options jamais arrivées, puis a fait faillite et l'a laissé sur le carreau, il va gentiment intégrer de nouvelles start-up, essayer davantage, échouer mieux. La tech sait très bien faire oublier, notamment à celles et ceux qu'elle rémunère le mieux, ce simple fait : quel que soit le sens qu'on lui donne, l'échec implique aussi de se montrer responsable, en particulier envers les autres.

Et la question de savoir si quelqu'un peut ou non « échouer vite », puis « recommencer » dépend largement de facteurs sociaux. La race et la classe sociale sont deux de ces facteurs, mais le plus évident est probablement l'âge. En 2017, après une passe de mauvaise publicité, le PDG d'Uber alors en fonction, Travis Kalanick, admettait : « *Je dois radicalement changer en tant que leader et je dois grandir.* » Même dans une ville comme San Francisco, où les skaters grisonnants et les adultes qui font la tournée de bonbons d'Halloween sont légion, le PDG quarantenaire d'une entreprise pesant 70 milliards de dollars qui se présente comme un gamin trop enthousiaste devant simplement se ressaisir a été jugé quelque peu excessif. Tout le monde n'a pas la possibilité d'être jeune ou de se comporter comme tel. Et dans la Silicon Valley, pour la plupart des gens, ces deux solutions ne sont déjà plus viables.

Dans la Silicon Valley, l'échec est souvent la prérogative des jeunes – ou, dans le cas de Kalanick, de ceux qui se présentent comme tels. Les orateurs et les participants de FailCon, par exemple, avaient «*tous le même profil*», relève Cass Phillipps. Ils étaient âgés de 28 à 45 ans. Les orateurs parlaient généralement d'échecs datant de quelques années – à l'exception notable d'un malheureux intervenant qui a dû changer son sujet de présentation trois semaines avant l'événement parce que sa nouvelle entreprise venait de faire faillite. Les créateurs d'entreprises et les investisseurs parlent parfois de «piste de décollage» : l'échec ne compte pas, parce que vous avez encore tout le temps de décoller.

Cette piste de décollage donne à l'échec une composante locale. Dans la Silicon Valley, l'échec se présente emballé dans du papier bulle, précisément parce que les personnes qui ont investi de l'argent et les personnes qui l'ont dilapidé dans de très mauvaises idées retravailleront sans doute ensemble par la suite, ou du moins se croiseront à l'occasion d'une soirée. Mais qu'en est-il de celles et ceux qui n'en font pas partie ? Si l'on n'appartient pas à ces cercles, ce sont alors des règles très différentes qui s'appliquent. Un grand nombre d'employés qui se sont privés de sommeil, de rémunération, de soins de santé et de vie sociale en contrepartie d'actions désormais sans valeur ne participeront pas au prochain coup gagnant.

Il existe de nombreuses façons de fermer boutique dans la Silicon Valley : se faire racheter avec ou sans son personnel, liquider l'entreprise, racheter ses actions ou repartir de zéro sous la forme d'une petite entreprise. Tout dépend de la fin que connaît l'entreprise, mais la plupart des membres du personnel ne sera pas inclus dans ces transactions. Google ne reprendra pas le réceptionniste, ni même la responsable de la publicité. La dynamique du genre dans la Silicon Valley fait que les hommes peuvent généralement échouer mieux. Étant donné que de nombreux créateurs d'entreprise se sont rencontrés à l'université, avoir étudié avec l'équipe dirigeante est un atout. Sont exclues les personnes traitées comme des sous-traitants et ne recevant que des participations dans l'entreprise, les personnes qui sont nommées puis s'en vont, les personnes mises à la porte avant d'atteindre un palier dans la hiérarchie de l'entreprise après une évaluation mystérieusement négative de leur travail.

Et pour ces personnes, la loi de la fidélisation révèle son côté obscur. « *Aucune action en justice n'est lancée sur ce thème dans le secteur, parce que personne ne veut être mis à l'écart* », m'a un jour dit un avocat de la Silicon Valley. Ou, comme l'explique un investisseur providentiel, il est important que même un échec entrepreneurial « *vienne renforcer le récit du créateur d'entreprise* ». Quelque chose de similaire semble vrai pour le personnel : « J'ai beaucoup appris » est ce que toute personne qui embauche, lance une activité, la finance ou vous conseille sur votre prochaine entreprise voudra entendre. Mais il vous sera impossible de dire : « Les salauds m'ont piqué un paquet d'argent ! »

Bien que ce ne soit certainement pas le problème social le plus grave associé à la perception de l'échec dans la Silicon Valley, il y a quelque chose de particulièrement destructeur dans cette primauté du récit. La fétichisation des histoires d'échec et de leur éventuel salut consécutif fait obstacle à ce que Cass Phillipps avait imaginé : s'attarder sur l'échec pour lui donner du sens. Même si nous pouvions vivre dans l'utopie que Zuckerberg semble imaginer dans son discours de Harvard – une utopie où tout le monde a la liberté d'échouer et où la société fait son possible pour protéger les gens des conséquences les plus extrêmes et leur remettre le pied à l'étrier – le côté trop facile d'un tel système aurait quelque chose de troublant. Après tout, l'évangile de l'échec suppose que tout échec n'est qu'un tremplin vers davantage de succès.

Un grand nombre des jeunes investisseurs en capital-risque sont eux-mêmes des créateurs d'entreprises à succès, et ils n'ont pas encore pris la mesure de la contingence de leur propre succès. J'ai pu observer que les personnes qui font fortune dans la Silicon Valley sont stupéfaites par cette réussite. Elle arrive si vite, de façon si imprévisible et silencieuse, tel un éclair dans un ciel bleu. Mais les gens ont besoin de donner du sens à ce qui leur arrive. Certains se referment, comme intimidés, sur leur bonne fortune. Mais ceux qui ne se mettent pas en retrait ont besoin de se raconter des histoires pour l'expliquer. Qu'ont-ils fait pour mériter cette bonne fortune ? Que signifie-t-elle ?

Dans ses *Histoires*, Hérodote raconte celle de Polycrate, le tyran qui règne sur Samos au VIe siècle avant notre ère. Polycrate réussit dans tout ce qu'il entreprend – « *où il portait la guerre, tout réussissait à son gré* ». Un souverain allié lui fait remarquer qu'il est possible d'avoir trop de chance et que, pour éviter la jalousie des dieux, il serait bon qu'il se défasse d'une chose à laquelle il tient par-dessus tout. Mieux vaut connaître « *en telles affaires bonne chance, en telles autres mauvaise, et j'aimerais mieux une vie passée en ces vicissitudes qu'un bonheur sans mélange*[10] ». Polycrate décide de jeter une bague

10. Hérodote, *The Histories*, traduction en anglais de Tom Holland, Penguin, 2015. (En français : Hérodote, *Histoires*, traduction de Pierre Giguet, Hachette, 1907, p. 172.)

d'une grande valeur dans la mer Égée. Mais peu après, un de ses cuisiniers lui apporte une trouvaille des plus inattendues : en préparant un poisson pour une fête donnée au palais, le personnel de cuisine a découvert la bague du souverain, qu'il lui restitue aussitôt. Terrorisé par l'ampleur et la persistance de la bonne fortune de Polycrate, le souverain allié l'abandonne à son sort.

Les concepts explorés dans *La Pensée selon la tech* peuvent se lire comme autant de tentatives de saisir ce qui ressemble au sort étrange de Polycrate : trouver les raisons pour lesquelles la réussite sourit à certains individus, à certaines entreprises, à certains secteurs de l'économie, avec tant de persistance. Mais plutôt que de jeter une bague précieuse, la pensée esquissée dans ce livre cherche à se recadrer pour éviter le dilemme de Polycrate. Confrontés à la mystérieuse facilité de leur ascension, les protagonistes de la Silicon Valley fétichisent la rupture supposée et le risque existentiel que représente le fait de décrocher de l'université pour créer une entreprise. Confrontés au fait que les plateformes à l'origine de leur richesse en maintiennent d'autres dans la pauvreté, ils inventent des histoires qui expliquent pourquoi il doit nécessairement en être ainsi. Et en réduisant l'échec, l'angoisse et l'inconfort à de simples tremplins, ils gomment le fait que pour tant d'autres, ces tremplins ne fonctionnent absolument pas.

L'apprivoisement de l'échec est ce par quoi une génération de Polycrate transmet son dilemme existentiel et son refus de l'assumer à la génération suivante. Parce que seules les personnes qui ont connu le succès le plus stupéfiant, le plus inexplicable finiront par financer la génération suivante de start-up. Si vous liquidez votre entreprise, la faites racheter ou procédez à une autre forme de « sortie élégante », vous n'avez généralement pas l'argent pour investir en capital-risque. Chez celles et ceux qui ont la chance de détenir suffisamment de liquidités, le sens des réalités peut être largement déformé – et peut-être est-ce inévitable, étant donné que tous sont comme sidérés par cette bonne fortune extraordinaire. La chose la plus importante que la Silicon Valley pourrait peut-être encore apprendre de l'échec, c'est qu'elle est impuissante face à son propre succès.

Remerciements

Ce livre est le fruit d'un long processus. Il aura fallu du temps au spécialiste des sciences humaines que je suis, sans grande expérience de la tech, pour trouver mes repères dans l'étrange contrée qu'est la Silicon Valley. Je souhaite remercier les nombreuses personnes qui, au fil des ans, m'ont parlé sans détour des idées qu'elles rencontrent dans le secteur de la tech. Certaines des critiques reprises ici m'ont d'abord été inspirées par ces amis, et c'est peut-être avant tout pour cette raison que je ne devrais pas les nommer. Je tiens à remercier mes éditeurs du *Frankfurter Allgemeine Zeitung*, du *Neue Zürcher Zeitung* et de *Zeit Online* de m'avoir donné autant de missions fascinantes dans la Valley – de m'avoir envoyé aux Cougar Nights de l'hôtel Rosewood Sand Hill, de m'avoir demandé d'explorer en profondeur la collection R. Buckminster Fuller à Stanford, et de n'avoir pas révélé mon e-mail quand je me suis attiré les foudres d'un groupe de fans d'Elon Musk.

Les rédacteurs en chef du magazine *Logic* – Moira Weigel, Ben Tarnoff, Christa Hartsock et Jim Fingal – ont joué un rôle déterminant dans la conception de ce livre. C'est également le cas de plusieurs auteurs qui contribuent régulièrement à cette fantastique publication : Xiaowei Wang, Wendy Liu et tant d'autres. Mes collègues de Stanford, dont Fred Turner, Jennifer Burns, Annika Butler-Wall, Persis Drell, Joshua

Landy et Denise Winters, m'ont aidé à raconter au mieux les éléments de l'histoire ayant trait à Stanford. Un tout grand merci à Ashe Huang, qui a vérifié les parties de mon livre évoquant Stanford, et à Will Tavlin, qui a tout revérifié. Et un merci encore plus grand à Jackson Howard et Emily Bell de FSG, qui m'ont aidé à peaufiner ce manuscrit pendant des mois.

Je suis redevable aux nombreux scientifiques, essayistes et journalistes dont je m'inspire dans *La Pensée selon la tech*.

Colophon

Ce livre est composé par Marine Kennerknecht, sur une maquette de Nicolas Taffin. Il a bénéficié de la relecture attentive d'André Sintzoff. Le caractère utilisé est Cala, de Dieter Hofrichter qui s'est inspiré de Nicolas Jenson et de la Renaissance vénitienne, pour la transposer au présent numérique, avec un rythme, une rondeur et une lisibilité contemporaines. L'illustration de la couverture a été réalisée par Jeanne Taffin.

Imprimé sur papier certifié PEFC 100 %
par Présence graphique (37) – label Imprim'vert.
Achevé d'imprimer en mars 2022.
Dépôt légal mars 2022.

PEFC 10-31-2677